DIPENDE!
EINSTEIN E LA TEORIA DELLA RELATIVITÀ

给孩子讲爱因斯坦

[意]安娜·帕里西 [意]劳拉·阿尔巴内塞 著

刘澍 译

湖南科学技术出版社
·长沙·

博集天卷

献 给

从小读者成为出色物理学家的

安东尼奥

注 意

本书中的公式中用圆点代替乘号表示乘法。

如果你不想看公式的话，可以跳过它们，但我建议你试着看一看，也许过一会儿就熟悉了。

目录
CONTENTS

1 相对论的背景 001

2 初露锋芒 025

3 狭义相对论 044

4 双生子佯谬 090

5 两个相对论 102

6 广义相对论 111

7 为相信而做的尝试 145

8 从星星到"星条旗" 185

附录 193

1. 相对论的背景

从机器到电灯泡

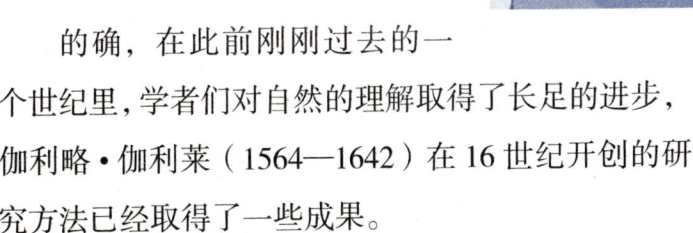

20世纪初,就像当时最伟大的科学家之一的开尔文勋爵(1824—1907)所说的那样,物理学的天空上艳阳高照,只是还有三朵云遮蔽了一部分的天空。

的确,在此前刚刚过去的一个世纪里,学者们对自然的理解取得了长足的进步,伽利略·伽利莱(1564—1642)在16世纪开创的研究方法已经取得了一些成果。

同样是在16世纪的下半叶,艾萨克·牛顿(1643—1727)提出力学定律,并提出了能够描述人们所观察到的行星运动的万有引力定律。

后来的科学家在伽利略和牛顿的成果的基础上，发展了一系列的概念和方法，使他们能够处理和解决与物体运动、热、能量及能量转化为功有关的问题。这些研究还极大地推动了技术生产：机器开始取代人从事繁重的工作，而火车及火车所使用的蒸汽机则取代了马匹。

也许，这一切与19世纪下半叶随着电力的使用而产生的日常生活和社会生活的全面革命相比，还算不上什么。

然而，不得不说，物理学真正点亮了人们的生活，解决了几个世纪以来人们一直无法理解的问题。

波的世界

1864年，詹姆斯·克拉克·麦克斯韦（1831—1879）提出了描述电磁波的方程，这些方程包含遮蔽科学知识视野的三朵云中的一朵，虽然还没有十分明确。到那时，人们已经确定电磁场是以波的形式传播的，而光也是由电磁波组成的。到目前为止，没有问题。

而遮蔽科学天空的其中一朵云，诞生于这样一个事实——从世界开始存在以来，波就是在介质中传播的，而不是在真空中传播的。比如说，就像浪在海里、湖里或河里传播，甚至可能在游泳池或一只碗里传播一样，但如果没有水，波也就不存在。

即使是声波，或者噪声，也需要空气或其他介质来传播。在美国西部电影中，我们偶尔会看到有人把耳朵放在火车轨道上，去听火车是否驶来。事实上，声波在铁轨中的传播比空气中要好（而且更快，所以当火车还在很远的地方时，我们就能听到声音），但是如果要把这些声音传到我们的耳朵里，至少需要空气作为介质。

到底是什么在振动?

从另一方面来讲,波就是某个东西的振动。例如,海浪是一定量的水的上下移动。如果没有水,那在振动的是什么呢? 有节奏地上升和下降的东西又是什么呢?

声波压缩空气,这种压缩的流动产生了减压,然后又会经历另一次压缩,如此反复。但如果没有空气,压缩的是什么呢? 真空可以被压缩吗?

亚里士多德重回主流

所以我们一直有理由认为电磁波，还有光，需要一个介质，一个能让电磁波传播的振动物质。

当然，这种物质还要有点特别：它要完全透明，否则来自太阳的光就不会照射到我们这里；它要非常精细，因为你无法"触摸"它。它还必须是静止的，而且要充满整个宇宙。这种物质曾被称为"以太"（也叫"能媒"），是亚里士多德（希腊最重要的哲学家之一，生活在公元前4世纪）为这种完美的、静止的、非常透明的物质命名的。根据他的说法，这种物质组成了我们天空之上的整个宇宙。

固执的科学家们

我相信你已经猜到这个故事的结尾了。当然，这不是科学家们第一次假设具有某种奇特特征的物质存在。他们曾经用燃素来解释火,用热质来解释热,然后还有电流体和磁流体……总之,以前曾经存在过许多"特殊物质",所有这些都很快被证明是一个大骗局!

所以为什么"以太"这种物质会比其他这些虚构出的物质更真实?谁知道呢!

波河河谷的大雾

然而,开尔文勋爵在20世纪之初(1900年)说,以太的存在是遮蔽物理学蓝天的三朵小云中的一朵。没有人能够证明其存在,这朵小云变成了一片浓雾,直到后来被"狭义相对论"扫除。

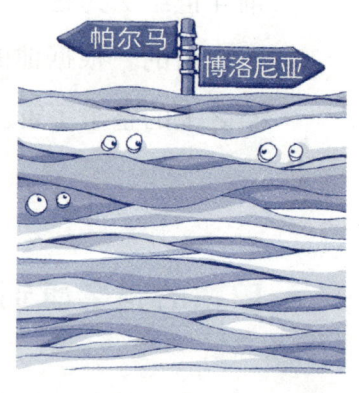

著名的搭档

宣告以太死亡的实验由两位美国科学家在 1887 年进行。他们是阿尔伯特·亚伯拉罕·迈克尔孙和爱德华·威廉姆斯·莫雷。前者并不完全是美国人,他于 1852 年出生在德国,但在他只有 2 岁的时候就随家人来到了美国。他在军事学院学习后任教,然后开始了他的学术生涯,并在 1907 年凭借

他的"光学精密仪器及用以对光谱学和基本度量学的研究"获得了诺贝尔物理学奖。

诺贝尔奖于 1901 年首次颁发,迈克尔孙是第一个获得该奖项的美国人(或者说准美国人)。而莫雷于 1838 年出生在美国新泽西。他教的是化学和地质学,但他的名字总与迈克尔孙密不可分地联系在一起,几乎成了一个词——迈克尔孙-莫雷实验,历史上最著名的失败实验!

失败了?

在物理学中,失败的实验可能比成功的实验更有趣,因为用这种方式,我们证明了一个理论的错误。正是通过放弃一些想当然的"真理",最伟大的科学发现才得以出现。

为了纪念迈克尔孙获得了诺贝尔奖,也许你可以选择让他来给你讲讲那个著名的实验。

——从我在学院的时候开始,光一直是我的研究热情之所在,我喜欢测量光的速度。

——为什么,光的速度还没有人测量过吗?

——哦,当然测过,很多人都尝试过。想想看,甚至伽利略也做过测量光速的实验,但他所用的仪器实在是太简陋了。

——我同意,但好像在1887年,有些人的测量结果比伽利略的更好。

——是的,也许最好的测量结果来自法国

人阿尔芒·斐索（1819—1896）和莱昂·傅科（1819—1868），其实我们使用的实验仪器就和他们的类似。

——那你们是否测量到了更好的结果呢？

关于相对论

——我们以前对光速的绝对值不感兴趣，只对光速的相对值感兴趣。

——你这样说是因为你知道我们现在是在一本讨论相对论的书中对话。

——哦，我已经习惯了，我在所有相对论的书中都会出现。不过，我们的问题是要检验以太的存在。

——但是光速与以太又有什么关系呢？

——很简单：如果以太存在，而且我们假设以太是静止的，那么，如果地球与光同向和反向运动时，光速一定不同。

——我不明白光与以太有什么关系。

——如果说以太是光传播的媒介，相对于以太，光必须始终以大约 300 000 千米/秒（每秒 30 万千米）的速度传播，为方便起见，我们可以把光速表示为速度 c（即 c=300 000 千米/秒）。这就意味着，如果地球的速度是 v，并且光与地球在同一方向上运动，那么光的速度相对于地球将为 c-v。而如果光与地球是在相反的方向上运动，光的速度就会是 c+v。

——请进一步解释一下吧。

以太风

——看插图，以太是不动的。光相对于以太总是以速度 c 运动，而地球相对于以太则以速度 v 运动。

光　　　　　c　　　　　　　v

　　　　c – v

当光和地球在同一方向上运动时，从地球上看到的光速会比较慢（c-v，也就是说光以 c 的速度"追赶"地球，但同时地球以 v 的速度"跑开"）。另一方面，如果光和地球的运动方向相反，那么从地球上看到的光的速度就更快（$c+v$，就像在正面碰撞一样）。

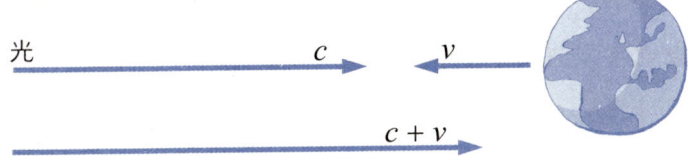

——如何使光与地球同向运动或反向运动？

——很简单，看下面的插图。地球以大约 30 千米 / 秒的速度围绕太阳旋转。如果我们在地球运动的方向上测光速，那么这时候光速就会显得比较慢，但是如果光在相反的方向上运动，那么这个速度就会比较快。还有

第三种可能性，如果我们在垂直于地球运动的方向上测光速，那么光速将会等于 c。

——太厉害了，不过地球的速度与光速相比实在是太小了，而且没有办法测量，你确定吗？

——在做实验之前，我做了一些计算，我们来看看会发生什么。

让我们来测量干涉

迈克尔孙和莫雷使用了一种名为"干涉仪"的测量仪器，用来测量两束光之间的干涉。

原理是这样的。请看后图。光线从光源 S 开始，到达镜子 A。

镜子 A 是一个半反射镜，即它只反射一半的入射光，让另一半通过。而且，镜子 A 与来自 S 的光的方向呈 45° 倾斜。

于是，当光线到达镜子 A 时，会被分成两部分。未被反射的那一半光线继续直行，到达镜子 C；而对于另一半的光线，因为镜子 A 是倾斜的，所以会呈 90° 反射，于是这一部分光线会到达镜子 B。镜

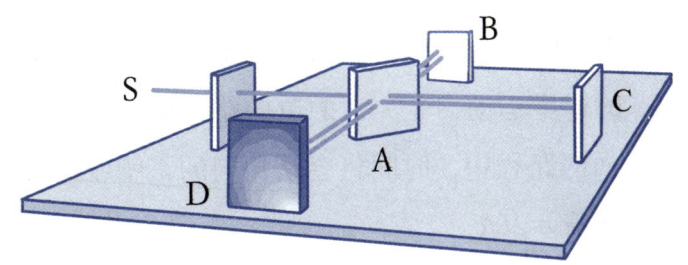

子 B 和 C 完全反射光线并将其送回镜子 A。由于镜子 A 是倾斜的并且半反射,入射光线会再次被分成两半。从镜子 B 反射过来的并且没有被 A 反射的那部分光,会继续直达探测器 D。而从镜子 C 反射过来并且被镜子 A 反射 90° 的那部分光也会到达探测器 D。

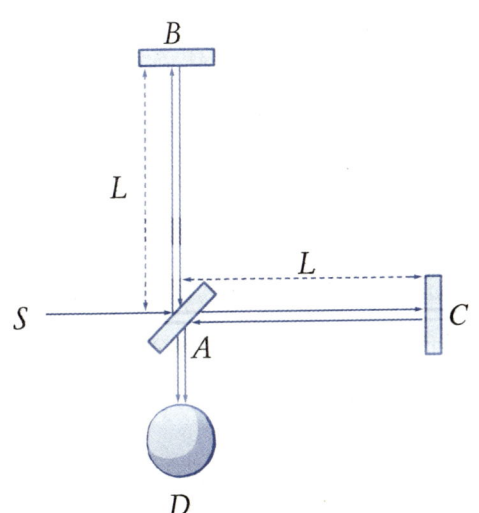

如果 A 和 B 之间的距离等于 A 和 C 之间的距离(在图中我们称这个距离为 L),那么光线从 A 到 B 再返回所需的时间将会是 $t=2L/c$,等于光线在 A 和 C 之间往返的时间。

这是因为速度等于所走的距离除以所走的时间。

也就是 $c=L/t$,由此我们可以得到 $t=L/c$,也就是光以 c 的速度运动,走完 L 的单向路程所需的时间。在返回的路程中,时间将会是相同的,所以总时间是其两倍 $t=2L/c$。

重合的光

我们的光束始终是一样的,只是我们在 A 中把光束分成了两半,使它们走了不同的路线,不过路程都是相等的。所以,光运动了相同的时间。当我们的这些光的两部分再次相遇时,被称作"同相"。其实,光就是光波,像海浪一样,有"高点"和"低点"。如果光线是"同相"的,这意味着两个波的高点和低点都是重合的,你会看到,在光最大的地方会呈现出圆圈,与暗部(那里没有光)的圆圈交替出现,就像你在图中看到的那样。这样的图被称为"干涉图",因此测量干涉图的仪器被称为"干涉仪"。

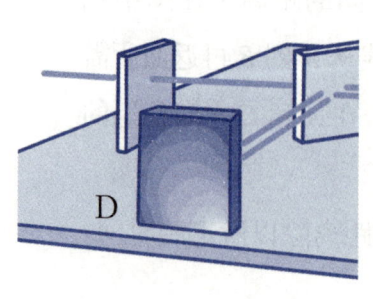

相反，如果这些波有点不同相的话，就意味着它们的最大值和最小值不完全在同一点上。那么，当这些波叠加时，没有任何地方可以达到它们之前的最大亮度，也不会有完全黑暗的地方。

让它们动起来

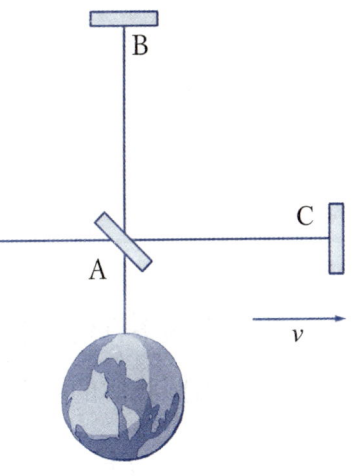

现在我们需要知道，地球以速度 v 运动。在这种情况下，镜子 B 处于与地球运动垂直的位置，而镜子 C 则是与地球平行的。

光总是会到达半反射镜 A，并再次被分成两部分。

一部分会到达镜子 B，另一部分到达镜子 C。然而，这两种情况是完全不同的。让我们首先看一下镜子 B 的那一部分。

当光从 A 运动到 B 时，B 相对于以太已经移动到 B_1 位置，当光返回时，A 将处于新的位置 A_2。看一下后图，你就会发现，相对于以太来说，光运动

的距离不再是 L，而是一个更长的距离 L_1。穿越这个空间将需要时间 t_1，所以 $L_1 = t_1 \cdot c$。

当光线到达 B_1 时，镜子 A 以速度 v 移动到 A_1 位置，因此距离 AA_1 为 $d = v \cdot t_1$。

看一下这张图，你可以看到三角形 AA_1B_1 是直角三角形，所以我们可以应用勾股定理（毕达哥拉斯定理）："在斜边上构造的正方形面积相当于在两条直角边上构造的正方形之和。"

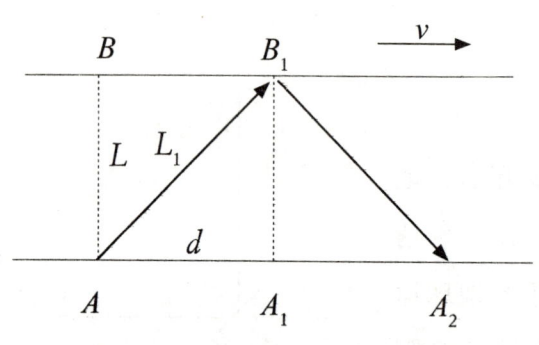

参照我们的图形，我们可以得到：

$AB_1^2 = A_1B_1^2 + AA_1^2$

$L_1^2 = L^2 + d^2$

$t_1^2 \cdot c^2 = L^2 + v^2 \cdot t_1^2$

$L^2 = t_1^2 \cdot c^2 - v^2 \cdot t_1^2 = t_1^2 \cdot (c^2 - v^2) = t_1^2 \cdot c^2 \cdot (1 - \frac{v^2}{c^2})$

可推导出 $L = t_1 \cdot c \cdot \sqrt{1-\frac{v^2}{c^2}}$

所以 $t_1 = \frac{L}{c} \cdot \frac{1}{\sqrt{1-\frac{v^2}{c^2}}}$

由于回程与去程相同，去程和回程的总时间为：

$$t_b = 2t_1 = 2 \cdot \frac{L}{c} \cdot \frac{1}{\sqrt{1-\frac{v^2}{c^2}}}$$

向前，向后

而朝向 C 的情况则不同。A 和 C 之间的距离始终保持不变，等于 L，但如果光线与地球的运动方向相同，则将以 $c-v$ 的速度移动，反之则为 $c+v$。总的往返时间是：

$$t_c = \frac{L}{c+v} + \frac{L}{c-v} = 2 \cdot \frac{L}{c} \cdot \frac{1}{1-\frac{v^2}{c^2}}$$

因此是小于 t_b 的，准确地说，如果 $L=1$ 米，$v = 3 \cdot 10^4$ 米/秒（即地球的旋转速度），那么 $t_b - t_c = 3 \cdot 10^{-17}$ 秒；而对于光波的振荡周期 $T = 10^{-15}$ 秒，波的干涉应该改变 3%，应该是可以观察到的。

奇怪的实验结果

但是人们从未观察到这种效果。时间差 $t_b - t_c$ 总是等于零。如果想看看多年来在实验中测量这个时间差的结果,可以去看附录(第193页)。

看来,光在两条不同长度的路径上花费的时间是一样的,这确实非常奇怪。

时代伟人

为了尝试理解一些事情,我们来认识一个伟大的人物:亨德里克·洛伦兹。他于1853年7月18日出生在荷兰的阿纳姆。他毕业于莱顿大学的数学和物理学专业,年仅25岁就成了理论物理学教授。尽管他被邀请到世界各地授课,但他总是待在自己的大学里,在他的一生中,每个周一上午他都会就物理学的主题进行公开演讲。

今天，伟大的科学家在公开场合讨论研究的这种优良习惯几乎完全没有了，真的是十分遗憾。

诺贝尔奖

1902年，洛伦兹与来自同一个国家的彼得·塞曼（1865—1943）一同获得了历史上第二个诺贝尔奖，该奖用以表彰他们在研究磁场对辐射现象的影响方面做出的卓越贡献。

辐射、电磁波、运动中的电荷、光，都是当时的物理学家们关注的话题。洛伦兹非常乐意回答公众的问题，汲取经验。

探索之一

——洛伦兹，你能够解释一下为什么迈克尔孙和莫雷在实验中什么都没有看到吗？

——有几种假设。第一个假设是以太不存在。

——这是最符合逻辑的……

——……最不符合逻辑的假设。电磁波，也就是光，是如何在真空中传播的？至少就我们目前所观察到的而言，波不是由物质组成的，却是在物质中传播的运动。但波是如何可以在真空中传播的呢？波的运动又如何解释呢？

——好吧，波在真空中传播是不符合逻辑的。那么我们如何解决这个问题呢？

探索之二

——比如说，有可能地球附近的以太随着地球的运动而运动，它被拖着运动，就像大气层被拖着走一样。在这种情况下，不会感觉到以太的效应，因为靠近地球的那部分以太相对于地球来说是静止的。

——看来问题找到了答案!

——是的,但是如果地球在拖动以太,那么它也会拖动在以太中移动的光线,所以,一颗恒星被看到的位置总是相同的,因为来自恒星的光线与以太融为一体,进而和地球融为一体。但是我们之所以看到星星的位置会发生变化,是因为有一种叫作"视差"的效应:在地球的旋转过程中,当我们改变看星星的角度,星星就会出现在一个稍微不同的位置。

——好吧,放弃这个答案吧……那现在我们还剩下什么可以解释这个现象呢?

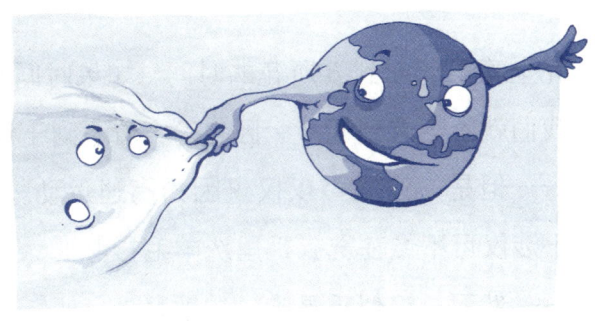

干涉仪缩小了

——还有一种可能性,是由爱尔兰物理学家乔治·弗朗西斯·菲兹杰拉德(1851—1901)在 1889 年提出来的。

——怎么说?

——物质在运动的方向上会缩小。

——你在说什么?这么说是为了解决这个问题?

——如果你算一算的话,可以看到,就好像 A 和 C 之间的距离以系数 $\sqrt{1-\frac{v^2}{c^2}}$ 缩减。在这种情况下,光线从 A 到 C 的路程就不再是 L,而是 $L \cdot \sqrt{1-\frac{v^2}{c^2}}$ 因此需要的时间是 $t_c = 2 \cdot \frac{L}{c} \cdot \frac{1}{\sqrt{1-\frac{v^2}{c^2}}}$

完全等于从 A 到 B 所花的时间;如果时间相等,那么我们就不会看到干涉。因为确实看不到干涉。

——但是,空间可以仅仅因为高速运动就缩小吗?干涉仪可不像在洗衣机里洗羊毛衫!

——然而,这似乎是唯一的解释。

奇怪……但却是真的？

——这不显得有点奇怪吗？

——也许吧，但在1902年，当我试着测量电子（电子是组成物质的一个小颗粒）的大小时，我得到了同样的结果。

我再次发现，其在运动方向上的大小取决于速度，并且完全按照 $L \cdot \sqrt{1 - \frac{v^2}{c^2}}$ 变化，其中 L 是静止电子的长度，v 是其速度。

——难以置信！

——相反，如果电子收缩，那么物质就会收缩，因此干涉仪在运动方向上的长度就会收缩，而垂直于运动方向的臂则保持相同的长度。

——只有运动方向上的长度收缩吗？

——是的。如果你想算得正确，就必须使用被称为（以我的名字命名的）洛伦兹变换的方程式，但我不会把方程式写出来然后再解释……你应该先认识一下另一位著名的科学家——阿尔伯特·爱因斯坦，他会理解洛伦兹变换的真正含义。

这是爱因斯坦1902年的照片，当时他刚刚毕业，找工作有些困难。让我们试着走近这个伟大的人物。

2. 初露锋芒

阿尔伯特·爱因斯坦于1879年3月14日上午11时30分出生在德国乌尔姆市。他的父亲名叫赫尔曼，是一位商人，母亲名叫宝琳·柯克。

爱因斯坦的父母信奉犹太教，但并不严格遵守教规，他们给予了孩子极为自由的成长环境。爱因斯坦花了近三年时间才学会说话。他解释说，他一直在思考如何遣词造句，只有在认为一句话值得被说出来时，他才会开口。

他一生都保持着类似的态度：对某些问题进行多年的思考，然后突然间想出答案。或许他也会同时得出两三个答案。

并不是每个人都能像爱因斯坦一样从头脑中产生杰出的想法,但多多思考(少说大话)对任何人都没有坏处。

空中城堡

在阿尔伯特·爱因斯坦还没有决定是否要开口说话时,他的父母就搬到了慕尼黑,并给他生了一个妹妹——玛丽亚,又叫"玛雅"。在家里,阿尔伯特表现得像个好哥哥,他很喜欢玛雅,不过有时也会和她吵架,就像普通兄妹之间常常吵吵闹闹一样。阿尔伯特可能不喜欢妹妹掺和他最喜欢的游戏——用扑克牌建造高大的房子。这的确是个有趣的游戏,但当你搭到了第五六层时,你肯定会希望你的小妹妹远离你的建造成果。

在学校里，我们会以为他的表现会像个小小科学家，但与人们以为的相反：他很优秀，却十分沉默寡言，独来独往，对学校活动也有些厌烦；更别提运动了，他对运动非常厌恶。

课业问题

由于父亲的工作原因，他的父母搬到了帕维亚，把16岁的爱因斯坦留在慕尼黑独自完成学业。但不久后他就决定去意大利与家人团聚，并向父母保证他将在私立学校完成学业。

他也真的这样做了，1895年10月，爱因斯坦以私立学校学生身份前往苏黎世参加联邦理工学院的入学考试。但他没有通过考试，因为这件事，他背上了一直持续到今天的不良学术声誉。

为了让情况好转一些，有人建议他到瑞士的学校就读最后一年的课程后再参加考试。爱因斯坦到了阿劳，在温特勒一家寄宿，他发现瑞士的学校比德国的学校更有趣、更好玩。他和这家人相处得也很好，他在那里有了七个新的兄弟姐妹，虽然可能会感觉有点混乱，

但是他与新兄弟姐妹的相处却十分愉快。

相比于德国，爱因斯坦当然更喜欢瑞士，于是，他1896年放弃了德国国籍，并在1900年获得了瑞士公民身份。

消防员还是警察？

在阿劳学习的那年，爱因斯坦就决定了他长大后要做什么：不是消防员，也不是警察，而是数学和物理学教授。

这是一个很好的选择，因为一方面，他认为自己有抽象和数学思维的天赋，另一方面，他还认为

自己是一个缺乏想象力和实践意识的人。

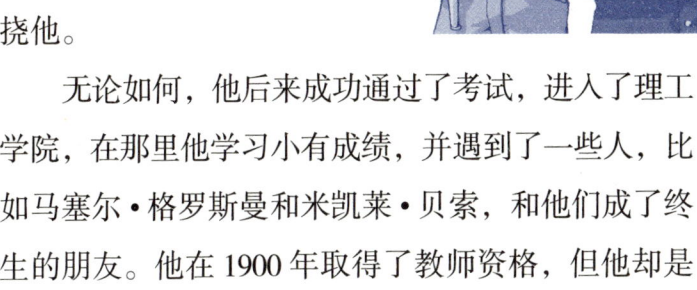

爱因斯坦是对的,但全世界好像都在尽其所能地阻挠他。

无论如何,他后来成功通过了考试,进入了理工学院,在那里他学习小有成绩,并遇到了一些人,比如马塞尔·格罗斯曼和米凯莱·贝索,和他们成了终生的朋友。他在1900年取得了教师资格,但他却是那一届中唯一一个没有留在理工学院工作的毕业生。

最有可能的原因是,爱因斯坦的物理学教授对他的实验工作不够欣赏,而爱因斯坦对教授的教学方法也不欣赏。

年轻失业

后来爱因斯坦成功获得了教授资格,但他没有学生,最重要的是,他也没有工资;而且这个时候他父亲和叔叔合伙开的企业

也倒闭了,所以他的家庭并不十分富裕。最终,他找到了一份代课教师的工作。他非常喜欢教学,因为教学可以让他有时间继续深化知识储备,研究物理学观点。于是,在教学的同时,他还写了几篇科学论文,并准备他的博士论文,但是……他的博士论文却没有通过。

什么都没的做:醉心学术的爱因斯坦并不想听到这个消息,好在他很聪明地找到了另一份工作。多亏了他的朋友、以前的大学同学马塞尔·格罗斯曼的帮助,格罗斯曼通过他父亲推荐爱因斯坦到世界上最有名的专利局——伯尔尼专利局工作!

其实,1902年,爱因斯坦还在试用期时,伯尔尼专利局和其他许多专利局一样,只是一个普通的专利局,但仅仅三年后,这家专利局的一个不怎么出名的职员就发表了六篇科学论文,而这些论文奠定了现代物理学的基础。没有一家专利局曾经有过,而且将来也不会再有这样的"广告宣传"。

奇迹之年

尽管学术界对他漠不关心,但爱因斯坦仍然在准备博士论文的过程中继续思考物理学问题。

爱因斯坦在1905年完成了六篇重要的论文。这六篇文章都发表在著名的物理学杂志《物理学年鉴》上。前三篇在《物理学年鉴》的第17期,第四篇在第18期,第五篇和第六篇在第二年即1906年的第19期发表。

第一篇论文

——阿尔伯特,你在那年发表了什么论文?

——第一篇论文是《关于光的产生和转化的一个推测性的观点》。

——多好的标题啊!所以"推测性"是什么意思?

——意思是"不太严谨,但可信的、直观的"。

——所以呢,这又是什么意思?

——我没有完全证明事实就是我说的那样,但我提出了我对事实的解释,作为一个可以接受的假设。当然了,需要通过实验仔细验证,才能把这些解释当作事实。

——那么,你试图解释的现象是什么呢?光与这个现象又有什么关系?

——这一现象今天被称为"光电效应",解释起来很简单:在某些情况下,当一束光照亮一种金属时,非常小的电粒子,叫作"电子",会从这种金属中"跑出来"。

——当然,光传感器现在普遍用于超市自动开关的自动门。如果有人经过并打断了光束,电子就不再从金属中逸出,然后……门就开了!这就是光传感器!没什么特别的。

——需要说的是，从金属中逸出的电子数量并不取决于击中金属的光的量，只取决于光的"质量"。

——好吧，不过，这些事情有那么重要吗？

——重要到都可以得诺贝尔奖了。我并不是因为我的相对论获得的诺贝尔奖，而是因为这项关于光电效应的研究。

——你因为相对论而成为历史上最著名的物理学家，却没有人知道你在光电效应方面所做的工作。你在这个不为人知，也许不重要的事情上获得了诺贝尔奖，会不会让你感到开心？

——"不重要"是你说的。和你同时代的物理学家们认为，即使我不提出相对论，别人也早晚会提出，这只是一个时间问题……当时已经有提出这个观点的氛围了。而对光电效应的理解却是一个出乎意料的创新想法，即使我的想法最开始被其他人称为"无稽之谈"。

第二篇论文

——所以,除了光电效应,1905年你还有什么别的工作成果吗?

——第一篇论文甚至够用一辈子的了!然而,其实就在这一期杂志上,我还发表了另外两篇相当重要的论文。

——那么是关于相对论的?

——我在五月完成的第二篇论文中,还是没有提及相对论,而是在讲"热的分子运动论所要求的静止液体中悬浮粒子的运动"。

——简直难以置信!你到底在说什么?这些悬浮在液体上的颗粒是什么?

——花粉。

——花粉?

——1828年,英国博物学家罗伯特·布朗发现,漂浮在水面上的微小花粉颗粒会抖动着进行移动,就像被人推着一样。这样的现象只发生在花粉颗粒足够小的时候。这种奇怪的运动以其发现者命名,被称为"布朗运动",而且无法给出解释。

——显然你知道如何解释这个现象!

——我的目的是找到证实原子存在的事实。不过,我并不想把所有的功劳都揽在自己身上:路德维希·玻尔兹曼和约西亚·威拉德·吉布斯做了大量的工作,但我当时并不知道他们做了这些。他们假设气体是由非常小的粒子、原子或分子(即结合在一起的原子组合)组成的。他们还假设,我们可以测量的气体特征,比如说温度,实际上取决于组成气体的原子或分子的速度。和他们同时代的许多学者根本不相信原子的存在。在这项工作的基础上,我提出,解释布朗运动的唯一方法是相信:不只气体,就连液体也是由原子或分子组成的,而且花粉的运动完全是由于与这些分子碰撞而产生的随机运动,其速度正与液体温度有关。

——当时还有人不相信原子的存在吗?玻尔兹曼和吉布斯生活的年代比你早多少?

——吉布斯于1903年去世，路德维希·玻尔兹曼在我的文章发表后的第二年，即1906年9月，在意大利的里雅斯特附近的杜伊诺去世。

没有第三篇论文就没有第二篇论文

——难以置信，20世纪初人们仍然不相信原子的存在！

——难以置信，却是事实。

——那么，在关于原子的理论之后，你终于决定发表一些关于相对论的东西了？

——是的，仍然是在著名的《物理学年鉴》第17期（不过人们说这个数字会带来不幸！），你一直在期待的论文终于发表了：《论动体的电动力学》。

——《论动体的电动力学》？和相对论有什么关系？

现在就有些夸张了：第四、五、六篇论文！

——我们以后再谈这个问题，现在让我把我在1905年写的其他论文讲完。下一篇也是关于相对论的论文：《物体的惯性同它所含的能量有关吗？》。

——对不起，我不知道如何回答这个问题。

——这不是个问题，而是论文的标题。然而，你可以看到，几乎到处都写着这个问题的答案，甚至在T恤衫上也有。答案就包含在为我的狭义相对论画上句号的方程中：$E = mc^2$。

——啊，是的，我看到过这个方程。这个方程的真正含义只有你知道，不过这个方程确实随处可见。知名度绝对不亚于某个T恤或运动鞋品牌。

——这是一件奇怪的事情。绝大多数物理学家完全不为世人所知，更不用说他们的方程式了！例如，除了伽利略和牛顿之外，你还知道哪些物理学家的名字？

——伽利略……牛顿……还有你，然后……再就不知道了。说起方程，我好像只知道你的 $E=mc^2$。我甚至不知道伽利略或牛顿是否提出过什么方程。

——其实，我那些被认为是革命性的工作，就是在他们工作的基础上展开的。伽利略发现了相对性原理，牛顿发展了这个原理。我只是做了一些拓展，但在拓展的时候，我必须消除"绝对空间"和"绝对时间"的概念，虽然这些概念对牛顿来说如此珍贵。

——看吧，普通人认识的三个科学家都处理过相对论的问题。很奇怪，是不是？

——其实，我从来没有注意过这件事。

——对了，你1905年的论文就这些了吗？

——是的，我已经说完了当年发表的论文。我还完成了另外两篇论文，是在后一年的年初发表的。我很珍视其中第一篇论文，因为这篇论文最终被接受成为我的博士论文：《分子大小的新测定法》，第二篇论文《关于布朗运动的理论》则使我之前的论文更加完善。

——太厉害了！

希望总是最后死去的东西

——当然。我必须承认，我不会假装谦虚：这一切的确很疯狂，而且我在伯尔尼专利局做小职员的时候，就发表了所有的论文。看在上帝的分上，我可以算是一个好员工。而且这样的工作即使是对一个杰出教授的整个职业生涯来说也算足够了。

——你后来还继续以

这种速度工作吗?

——没那么夸张了,但还没完呢。我一生中最幸福的想法发生在1907年,从这个想法中诞生了广义相对论。

——竟然就能得到如此的想法!

——在你这样的年龄,即使是我也从没想过能得到这么多成果。并不是说你不会有比我更好的想法。

家庭和事业

我们之前只关注了爱因斯坦的科学工作,却忽略了他的个人生活。

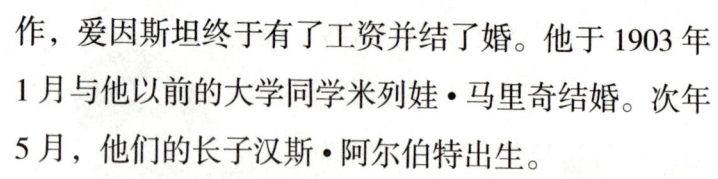

因为他在专利局的工作,爱因斯坦终于有了工资并结了婚。他于1903年1月与他以前的大学同学米列娃·马里奇结婚。次年5月,他们的长子汉斯·阿尔伯特出生。

因为爱因斯坦表现优秀,他在专利局获得了晋升,但他并没有放弃他的梦想。1907年,他向大学申请"自由讲师"的资格(一种大学教学的资格,

不一定相当于一份工作），并附上了他所有科学论文的副本。许多教授投了赞成票，但爱因斯坦却没有获得这一职位，因为他并没有附上用来进行必要资格评定的未发表论文。没有论文，就得不到自由讲师的资格。阿尔伯特·爱因斯坦当时其实已经获得了诺贝尔奖，但瑞士人并不了解，对他自由讲师资格的评定也就没有放松要求。

有志者事竟成

在这场艰苦拉锯战的最后，爱因斯坦最终获得了胜利。他提交了资格评定论文，1908年2月，31岁的他终于被授予了在大学教书的权利。

就这样，爱因斯坦的学术生涯开始了，但一开始没有钱，也没有……

学生。

在专利局工作的同时,爱因斯坦可以在零散的时间里授课。他在夏季学期教授了他的第一门课程,从早上七点到八点。有三个学生上他的课,这三个学生都是他的朋友。下一个学期,他决定改变课表,在晚上开课。这确实是一个好主意:因为学生总数变成了四个!

回到苏黎世

虽然他的课程没有那么多人参加,但爱因斯坦的名气还是在学术界迅速增长,他四年前的论文也开始为人所知并受到赞誉。爱因斯坦收到了苏黎世大学理论物理学副教授的职位邀请,当时他已经被视为"最重要的理论物理学家之一"。

1909年7月6日,爱因斯坦从伯尔尼专利局辞职,终于开始了他的学术生涯。

3. 狭义相对论

走进狭义相对论

——要继续了解你的一生,就必须了解你1905年关于相对论的论文。

——是的,不过我们以后再说这篇论文。我倒是想让你进入另一扇门去了解相对论。

——为什么?很难吗?

——就像论文标题"论动体的电动力学"所说的那样,这篇论文是以麦克斯韦方程为中心的,说实话,并不是十分简单,但我可以从另一个角度解释同样的概念,这样一切都会变得清晰。我们稍后再说麦克斯韦方程。现在，你知道什么是速度应该就够了。你知道什么是速度吗？

——是的，或多或少知道……

——你可以把速度定义为在一定时间内走过的空间：当你说"每小时 50 千米"（50 千米 / 时）时，意味着在一小时内你走了 50 千米。

——嗯，我很清楚。

系好安全带！

——现在我们用一个事故来举例：你坐在一辆以 50 千米 / 时的速度行驶的车里，撞上了一辆静止的汽车。你撞击的速度是多快？

——我觉得是 50 千米 / 时……虽然这似乎太简单了。

——对了。跟着我的思路。但是，如果你撞上一辆以 50 千米/时的速度向你驶来的汽车，撞击的速度是多快？

——我以 50 千米/时的速度冲向对方，对方以 50 千米/时的速度冲向我……当我们撞上的时候，我们相对的速度是 100 千米/时。也就是说，碰撞是以 100 千米/时的速度发生的，对我造成的伤害比之前要大得多……

——是的，你知道什么叫"迎面相撞"吗？可以说是最糟糕的了，就是因为速度是相加的。

——速度也可以相减吗？

——当然了，也可以相减。为什么在电影中那些激烈的汽车追逐战中，坏人从来没有被抓住过？如果一辆车以 50 千米/时的速度行驶，你以 50 千米/时的速度追赶，你什么时候可以抓住坏人？其实，你和对方之间的相对速度正好是零。你同意吗？

——是的，我同意。

——很好，我们继续。这种速度的加减对于理解相对论其实很重要。

——我觉得我明白了,我们继续吧!

旅途愉快

——你现在坐在一列相对于地面的运动速度为100千米/时的火车上。而你正以相对于火车10千米/时的速度与火车运动的方向同向往前跑。那么你相对于地面的运动速度是多大?

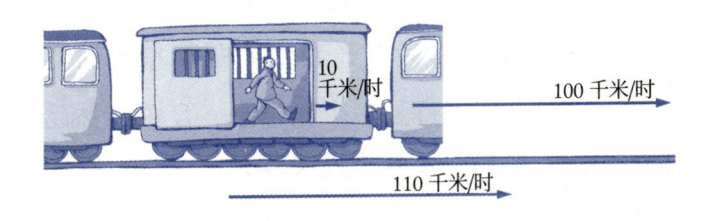

——相对于地面,我的速度是110千米/时,也就是说,我正以110千米/时的速度接近车站,对吗?

——是的,但是如果朝另一个方向跑呢?

——那么,相对于地面,我将以(100-10)千米/时的速度移动,所以速度是90千米/时。

——太棒了，你差不多准备好可以去了解下一步的内容了。现在我只需要确认你知道我们人类眼睛是如何工作的。

现场直播的魅力

——你在说什么，阿尔伯特？和眼睛有什么关系？

——我需要确认你知道我们的视觉机制是如何运作的，不然你就跟不上我的思路了。

——是的，我想我知道我们的眼睛是如何工作的。一束光打到一个物体上，反弹，然后进入我的眼睛，在眼睛里……

——好的，这就够了，眼睛里发生了什么不关我的事，重要的是你要知道，我们能看见是因为一束光进入了眼睛，如果这束光没有进入我们的眼睛，就像在一个黑暗的房间里一样，我们什么都看不见。同样重要的是，你要明白，我们看到的总是"过去"的东西，也许是很短时间之前的东西，但我们看到的从来不是正在发生的事情，从来不会在事情发生的同时看到。我们看到的是很短时间之前发生的事情，这里"很短时间"指的是一个可能非常非常短，但永远不会等于零的时间。

——我觉得非常奇怪。如果你在黑板上写字，你边写字，我就能边看到，而不是你写完字之后我才看到。只有电视信号有"延迟"，现实世界永远是"现场直播"。

——你可以看到我，是因为有一束光照在我身上，从我身上反射出去，然后穿过我身体和你眼睛之间的空间，最后到达你那里。

——当然了。

——那么，这束光难道不需要一些时间来到达你那里吗？这个时间会很短，所以对你来说似乎是"现场直播"，但这个时间不等于零。"现场直播"的美妙之处在于不存在光传播的时间！

——我想说你是对的，但我也会觉得这个时

间太短了，所以我认为这个时间是零。

量级的问题

——我没有办法反驳这一点。光的移动速度约为每秒 30 万千米：如果你我相距 3 米，那么光从我这里到达你那里大约需要一亿分之一秒的时间。

——一亿分之一秒，对我来说实在不意味着什么。

——是的，那么让我们来想一想，一束光，在一秒钟内，可以走过约两百倍的罗马和柏林之间的距离。现在，你对光的速度是否更加清楚了？

——哎呀，是的。这就是为什么光从你那里到达我这里的时间，在我看来等于零。

——我理解你可能认为这个时间等于零，但实际上并不是这样！在物理学中，甚至在数学中，零就是零，而"微小"却不是零！

——不过，如果我不能区分出它们之间的区别，我就必须认为是零!

——但是,如果你在月球上,你就会注意到这个时间。光需要大约一秒钟才能到达。当阿姆斯特朗在月球上时,他的照片到达我们这里也会有这样的延迟。为了理解我的论点,我们假设光的速度很慢,比如说只有每秒10米(10米/秒),我的观点不改变的话,我们可以猜到会发生什么。

——让我们来试试吧。

另一个事故

——好的,现在你站在街上,看着一辆开着大灯的汽车向你驶来。这辆车正以10米/秒的速度向你运动。从车灯中射出的光以10米/秒的速度向你射来,所以根据我们刚才说到的速度之和,光线以20米/秒的速度向静止的你

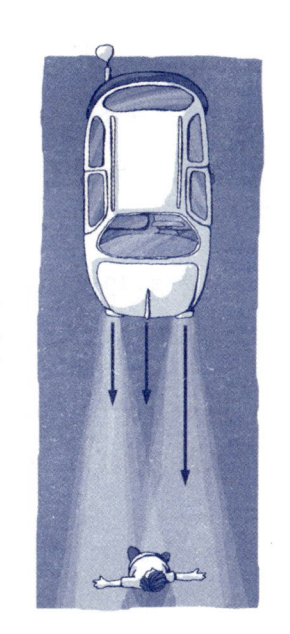

移动，比如说，你现在距离汽车 100 米。所以，从车灯中射出的光线需要 5 秒才能到达你的眼睛。

——也就是说，我实际上看到的是 5 秒钟前发生的事情？

——是的。如果司机在离你 100 米远的地方关掉大灯，你将会继续看到 5 秒钟的光线，5 秒钟后，5 秒钟前从大灯中射出的最后一束光线将到达你的眼前。我这样说你可以理解吗？

——可以。

——好的，现在让我们想象一下，那辆车没有关大灯，而是与另一辆车发生了事故，这辆车在与你垂直的方向上行驶，速度同样是 10 米/秒。看看这张图。黑色汽车没有向你驶来，因此黑色汽车大灯射出光线的速度并不能和汽车的速度相加。黑色汽车的光线以 10 米/秒的速度向你运动，所以需要 10 秒（100 米除以 10 米/秒）的时间！

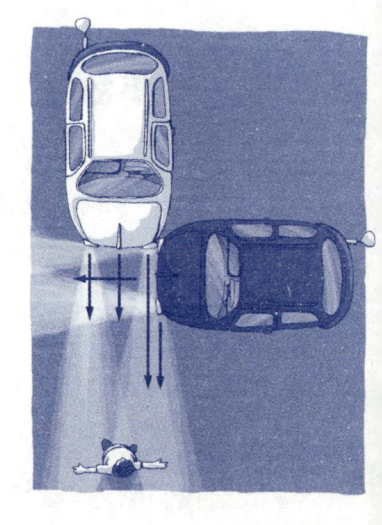

为什么用叹号来表达观点？

——你为什么要加一个叹号？这有什么奇怪的？

——奇怪的是，在某一瞬间，汽车在离你100米远的地方相撞。5秒钟后，你会看到白色汽车无缘无故撞了，而黑色汽车却还没有发生任何事情。又过了5秒钟你终于才看到黑色汽车也撞了！？怎么样？不觉得有点奇怪吗？

——当然，是你在一开始就做了手脚：光速要大很多，快很多，所以你不会注意到第一辆车和第二辆车相撞的时间差。

——是的，不过，即使你不能感知，这个时间差仍然存在，在其他某些情况下，这种时间差可能就会变得很重要。例如，在速度很快、相距很远的两个航天器之间的假设碰撞中，其中一个接近地球运动，另一个远离地球运动（所以，在这种情况下，对其中一个航天器来说，它的速度应该和光速相加，

而对另一个航天器来说则非如此）。

——你说的很有道理，不过关窍在哪里？你是如何解决这个问题的？

——没有什么关窍：存在一个最大速度，任何速度都不能超过这个速度。这个最大速度就是光速。

速度的极限

——不过这些和我们说的事情又有什么关系呢？

——如果最大速度是光速，那么就没有任何速度可以和这个速度相加（否则你会得到一个更大的速度）。因此，白色汽车车灯的光线到达你那里的速度总会是 10 米/秒，即使车灯在一辆以 10 米/秒的速度向你运动的汽车上。所以，这两辆车相撞时，它们的光在同一时刻到达你那里，因为它们与你的距离相同,而且光总是以相同的速度传播。也就是说,光的速度并不取决于发射源头的速度。

——当然,如果汽车的速度不能与光速相加,你就解决了这个问题。但这不对,我们刚刚就看到了,如果一辆车撞上另一辆车,这两个速度就会相加!这是不对的!

——我们说"这两个速度组合在一起了"更正确,因为它们并不可以"精确"地相加。

——如果两束光撞在一起,它们不是以两倍光速撞在一起的吗?

——不是的,否则你就会超过光速,甚至是给光速加倍了!

"相加"也有极限

爱因斯坦在他1905年的论文中提出的其中一个方程式正是速度"相加"的方程式。我们一起来看:

$$v_{AB} = \frac{v_A + v_B}{1 + \frac{v_A \cdot v_B}{c^2}}$$

其中 v_{AB} 是物体 A 和物体 B 之间的相对速度，c 是光速。

现在让我们使用光速的真实值，看看如果一辆汽车以 v_A=50 千米 / 时的速度撞上一辆静止的汽车（v_B=0）会发生什么。那么它们的相对速度就是：

$$v_{AB} = \frac{50+0}{1+\dfrac{50 \cdot 0}{c^2}} = \frac{50}{1+0} = 50（千米/时）$$

好的，如果两个物体中的其中一个是静止的，我们又得到了之前的结果，我们喜欢这个结果。

让我们看看如果两辆 100 千米 / 时的汽车迎面相撞会发生什么。

100 千米 / 时约等于 0.03 千米 / 秒（100 千米 / 时 =100 / 3600 千米 / 秒：一个小时有 3600 秒）。

v_A=0.03 千米 / 秒，v_B=0.03 千米 / 秒，光速为 300 000 千米 / 秒。

相对速度，即撞击的速度是：

$$v_{AB} = \frac{0.03+0.03}{1+\dfrac{0.03 \cdot 0.03}{300000^2}} = \frac{0.06}{1+\dfrac{0.0009}{90000000000}} =$$

$$\frac{0.06}{1+0.00000000000001} = 0.0599999999999994 \,(千米/秒)$$

所以，比我们正常相加得到的速度之和少 0.0000000000000006。

事实上，如果速度与光的速度相比很小，我们可以忽略这样一个微不足道的差异，正常求和。

1+1=1

我们看看两束光相遇会发生什么。在这种情况下，$v_A=c$ 且 $v_B=c$：

$$v_{AB} = \frac{c+c}{1+\frac{c \cdot c}{c^2}} = \frac{2c}{1+\frac{c^2}{c^2}} = \frac{2c}{1+1} = \frac{2c}{2} = c$$

两束以 300 000 千米/秒的速度相向而行的光线，以 300 000 千米/秒的速度相撞在一起！

这并不奇怪，奇怪的恰恰是相反的情况。

事实上，如果没有最高速度，速度就可以一直增加，那才奇怪呢。

首先,就像之前与爱因斯坦讨论的那样,如果光线到达我们的速度取决于其光源(在之前的例子中,光源是汽车前灯)的速度,那么我们就无法判断两辆汽车是否以及何时会相撞。

而且,没有最高速度的存在会导致无限速度的存在(因为速度可以一直增加),这就有点尴尬了,因为以无限速度运动的物体从一个地方到达另一个地方所需的时间为零,也就是说,这个物体会在同一时间出现在两个不同的地方。虽然这并不是坏事,但不幸的是,这种情况只出现在科幻电影中!

声和光

在爱因斯坦的时代,科学家们认为光速不取决于光源的速度,相对于光所处的介质而言,

光速是恒定的，科学家们认为这种介质是以太。当时，科学家们已经知道了声波的存在，知道声音的传播速度与声源的速度无关，声音在介质中的传播速度是恒定的。因此他们期望光波也有同样的表现。光速对以太来说必须是恒定的，而正因如此，光相对于在以太中运动的我们来说，其速度不必是恒定的……但正如你所看到的一样，迈克尔孙和莫雷的实验结果并没有证实这一假设。

论文的标题

以太的存在也被以下事实证明：在描述电磁波传播的方程组中出现了一个绝对速度，而且，正如人们所料，这个速度正是 300 000 千米/秒，也就是光速，如此也就证明了以太的存在。因此，方程组应该只对以太有效（尽管方程组在地球上也非常有效，但没有人理解为什么），因为这里精准出现了

大家认为应该是相对于以太的光速。

你还记得爱因斯坦关于相对论的第一篇论文的题目是什么吗?"论动体的电动力学"。在这篇论文中,爱因斯坦表明,光速在任何时候都是恒定的,不是相对于以太,而是相对于任何东西,无论这个"任何东西"是否在运动。因此,不需要绝对静止的以太来使光以 c 的速度运动——光总是以 c 的速度运动,因此电动力学的方程组总是有效的。

综上所述,爱因斯坦把两个假设,即无法证明的观点,作为整个狭义相对论的基础:

1. 伽利略的相对论仍然适用:区分一个物体是静止还是在匀速运动是不可能的。

2. 光速是恒定的,总是等于 300 000 千米 / 秒。

虽然这些都是不可证实的观点,但像所有的假设一样,这些都是"不言而喻"的观点。

光的形状

当你点亮灯泡的时候,光的传播就像一个以速度 c 膨胀的球体。事实上,光在各个方向上都是直线传播的,而且所有的光都以相同的速度传播。

显然,你看不到光球的膨胀,因为光的运动速度非常快,一切都在瞬间发生。但你可以写出描述球体以速度 c 膨胀的数学方程。

根据相对论,无论是要描述静静矗立在街上的灯柱传播的光,还是要描述你的车以速度 v 从灯柱下驶过时传播的光,这个方程必须具有完全相同的形式。在这两种情况下(无论你相对于光源是静止的还是移动的),光在其传播的所有方向上的速度都是相同的 c。

数学上的复杂性

如果你想和爱因斯坦所期望的那样,在你静止时和移动时写出的两个方程是相同的,那么你必须使用著名的洛伦兹变换把一个方程变换成另一个方程。如果你想看看是怎么算的，可以去看看第 195 页。

这不仅对光的传播方程有效，而且对描述物理规律的任何方程都有效。

从一个处于静止状态的参考系（你站在灯柱下不动）移动到一个相对于第一个参考系做匀速直线运动的参考系（你在灯柱下驾驶），任何物理定律都必须有相同的形式，而且，从一个参考系移动到另一个参考系可以使用洛伦兹变换。

数值和规律

这里我们必须注意一点：无论我们是在静止状态下测量变量，还是在匀速直线运动中测量变量，其数值都会发生变化；不变的是物理学规律，即变量之间的关系。

举一个例子。如果我坐在一列相对于地面以100千米/时速度运动的火车上,我相对于火车的速度是零,与我相对于地面的速度(100千米/时)不同。我相对于火车移动的距离(也是零,如果我保持坐姿)也与我相对于地面移动的距离不同;或者至少我期望如此,因为我坐火车是要去另一个城市。

然而,我的速度和我经过的空间之间的关系不会改变。无论我相对于火车还是相对于地面来计算变量的数值,这种关系一定是相同的。

为了使这种关系保持不变,需要使用洛伦兹变换,从之前计算相对于火车的变量变换为计算相对于地面的变量(或反过来)。

参考一下参考系

我们看看下一页的这张图。我把相对于地面的静止参考系称为 R,而将火车的参考系称为 R',火车以速度 v 在 x 轴方向运动,那么,洛伦兹变换告诉我,

如果我在时间 t 位于参考系 R 中的位置 (x,y) 处,那么如果我去计算,我在参考系 R' 中的位置会是:

$$x' = \frac{x - v \cdot t}{\sqrt{1 - \frac{v^2}{c^2}}}$$

$$y' = y$$

$$t' = \frac{t - \frac{v \cdot x}{c^2}}{\sqrt{1 - \frac{v^2}{c^2}}}$$

在伽利略和洛伦兹的世界间穿梭

我想告诉你:如果你运动的速度 v 相对光速 c 来说非常小,那么 v^2/c^2 就非常小,我们就可以忽略它。

那么洛伦兹变换就变成了:

$$x' = \frac{x - v \cdot t}{\sqrt{1 - \frac{v^2}{c^2}}} = \frac{x - v \cdot t}{1}$$

$$y' = y$$

$$t' = \frac{t - \frac{v \cdot x}{c^2}}{\sqrt{1 - \frac{v^2}{c^2}}} = \frac{t - 0}{1}$$

即
$$x' = x - v \cdot t$$
$$y' = y$$
$$t' = t$$

这些便是伽利略变换，也就是在发现相对论之前，从一个静止的参考系变换到一个速度为 v 的匀速直线运动的参考系时所使用的变换，当速度 v 与光的速度相比非常小，或者人们所说的相对论效应可以忽略不计时，伽利略变换即使在今天也可以使用。

如果你想更好地理解伽利略变换，可以去看看第 196 页。

太平淡了

——这就是相对论的全部内容吗？我听说过一些荒谬的事情：随着距离缩小，时间会延长……

——这可不是什么荒谬的事情，而是你目前所看到的后果。你觉得，如果我们改变了测量的参考系，物理学定律仍然不会改变吗?

——是的,在我看来,这很合理……

——你觉得,光速在任何参考系中都是相同的吗?

——你说服了我,不然我连两辆车相撞都看不到……

——你觉得,我们必须使用洛伦兹变换来从一个参考系变换到另一个参考系吗?

——我相信你的数学能力……这些计算……洛伦兹变换……

——很好,在计算中还出现了其他内容。我们来看看,计算一下图中线段的长度。在参考系 R 中,线段是静止的,它的长度是 $x=1$,对吗?

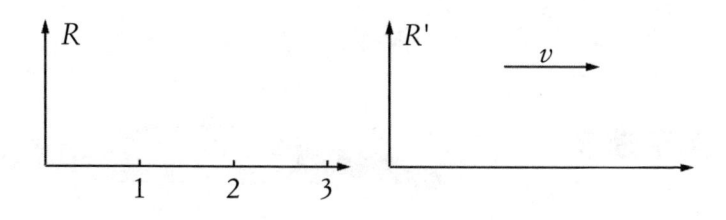

——不需要成为魔术师就能知道:你沿着"1",就能画出来。

——对了。但现在我要计算这条线段在相对于 R 以速度 v 运动的参考系 R' 中的长度。

——我也会，你刚才写了方程：

$$x' = \frac{x - v \cdot t}{\sqrt{1 - \frac{v^2}{c^2}}}$$

然后我把这些数字代入，就能算出 x'。

密不可分的时间和空间

——当然，不过正如你看到的一样，这个方程用来计算 x' 是不够的。你已经得出了 x（等于 1），但你如何得出 t 呢？永远不要忘记时间的转换：

$$t' = \frac{t - \frac{v \cdot x}{c^2}}{1 - \frac{v^2}{c^2}}$$

如果光速保持不变，空间和时间是密不可分的。

——有了另一个方程，好像情况并没有得到改善。
——不是这样的！我可以计算出时间 t'=0 时参考系 R' 中的线段的长度。任何时刻都可以，并不是说随着时间的推移，线段会变长或变短……

——没错。那又会怎样？

对于 $t'=0, t=\dfrac{v \cdot x}{c^2}$

我们将 t 代入方程 $x'=\dfrac{x-v \cdot t}{\sqrt{1-\dfrac{v^2}{c^2}}}$ 中

得到：$x'=\dfrac{x-\dfrac{v^2}{c^2} \cdot x}{\sqrt{1-\dfrac{v^2}{c^2}}} = x \cdot \dfrac{1-\dfrac{v^2}{c^2}}{\sqrt{1-\dfrac{v^2}{c^2}}}$

那么 $x' = x \cdot \sqrt{1-\dfrac{v^2}{c^2}}$

——因此，如果在静止的参考系中我的线段长 $x=1$，那么如果它以速度 v 运动，它的长度将比在我测量的参考系中要少。

——少多少呢？

——这取决于速度。如果它以 $v=\dfrac{c}{2}$ 运动，那么它的长度是 $x'=\sqrt{1-\dfrac{1}{4}}=0.866$。

也就是说会小于 1（静止时的长度）。

快速收缩

——这与洛伦兹为迈克尔孙和莫雷的干涉仪发现的物质"收缩"是一样的（只要把 L 放在 x 的位置上，方程就完全一样了）！

——是的，其实 L 和 x 都是长度的量度。我们只是用不同的字母指代。不过，其解释是不同的。

我认为，物质不是在"收缩"。

——不是在"收缩"？

——没有"收缩"！线段相对于它自己，是静止的还是在移动？

——相对于它自己是静止的，一个东西如何相对于它自己运动呢？需要"分裂"才能做到吧。

——是的，这是不可能的。所以，如果它是静止的，假设它有感觉，它将永远"感觉"到自己是同样的长度。假设一个线段可以测量自己的长度的话，测量的结果总是会等于1，也就是说，如果这个线段相对于我是静止的，它会等于我测量得出的线段长度。

——所以呢？

——但是，如果它以速度 $v = \dfrac{c}{2}$ 相对于我移动，那么对我来说，它将显现出的长度是0.866而不是1。

——可能只是对你来说……这一定是对的吗？

一切都是相对的

——真相是，并不存在"真测量"和"假测量"这样的概念。线段的长度其实是相对的。线段的长度取决于速度，就是我测量线段时所处的参考系的速度。

——那么，长度变短是真的吗？

——这话多荒唐啊！你说的长度变短是什么意思？实验只是证明，当一个参考系相对于我们要测量的参考系做匀速直线运动时，测量出的线段长度会有所不同。显然，只有当线段的方向和运动方向相同时，长度才会受影响，而不是所有的长度都会受影响；事实上，正如洛伦兹变换所说的 $y'=y$，因为这是在与速度垂直的方向上测量的。

——我不知道是否要相信这些东西……

——在现实中就可以观察到测量结果的差异，但在了解这些让我的理论成为现代科学基石的实验证据之前，让我们看看在计算中还发生了什么"怪事"。

情况越来越糟了

——情况越来越糟了吗？

——从某种程度上说，是的，因为我们需要看看对时间的测量会发生什么。

——你希望会发生什么呢？我甚至都可以接受长度的测量结果取决于我测量时的速度了……但时间可不行。时间对于世界上的每个人都是一样的……

——抱歉，让你失望了，与牛顿的论断相反，不仅没有绝对的空间，也没有绝对的时间。

——空间我可以理解。宇宙中的一切都在运动：恒星、行星等。所以我们不得不接受这样一个事实：既然不存在任何绝对静止的东西，我们就只能观察到相对运动。但是时间,绝对的时间当然是存在的。

桶满了还是妻子喝醉了?

——我们必须做出选择:光速是绝对的或者时间是绝对的。

——为什么两者不能都是绝对或者相对的呢?

——因为速度是空间和时间之间的关系,如果空间不是绝对的(我们刚刚了解了这一点),时间也不可能是绝对的,因为如果光速是不变的,就像看起来那样,时空关系也必须保持不变。

——这个关于空间和时间关系的故事并不能说服我。有办法更好地去理解为什么时间不能是绝对的吗?

未来主义设计钟表

——首先,我们来做一个光钟。来看下面这张图。有一束光,从 A 处发出,到达 B 处,被反射后回到 A 处。光束完成这段路程将花费的时间 $t=2L/c$,其中 L 是 A 和 B 之间的距离,c 是光速。速度是用来衡量在给定时间内走过多少空间的一种方法。你跟上了吗?

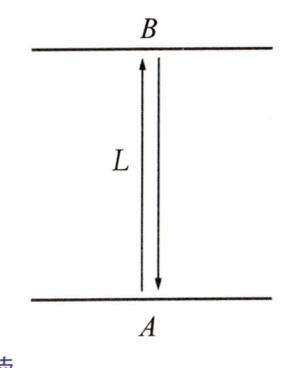

——是的,我的天哪,字母太多了,不过勉勉强强跟上了。继续。

——现在让我们把光钟设定为运动状态,相对于我们来说,钟在垂直于光线的方向上以速度 v 运动。当光线从 A 出发的时候,镜子在位置 B,但当光线到达镜子时,就会移动到 B_1 位置,当光返回时,将到达 A_2 的位置。所以,光线运动的距离就不是 L 了,而是运动了更长的距离,即 L_1。

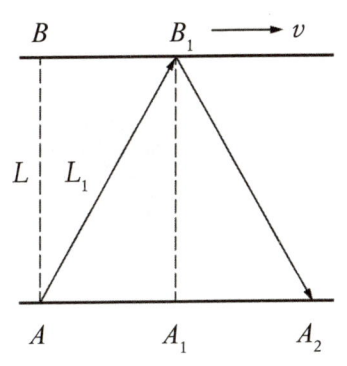

——我需要一点想象力来"看到"你所说的东西，不过，是的，我觉得，你应该是说服了我。

——像在图中看到的那样，如果 L_1 大于 L，而且光束总是以相同的速度 c 移动，那么时间 $t'=L_1/c$ 将大于时间 $t=L/c$。

——当然，时间长是因为光束运动的距离更远。

——在现实中，我在相对于钟表运动的同时，看到光束走了更长的路程，因此花费了更长的时间。

——所以你觉得时间究竟会长出多少呢？

勾股定理

——这个问题很简单：只要使用勾股定理即可。如果钟表以速度 v 运动，那么在光从 A 到 B_1 的时间 t' 里，接收器运动的空间距离是 $AA_1=v \cdot t'$，应用勾股定理，我们可以看到

$$t' = \frac{t}{\sqrt{1-\frac{v^2}{c^2}}}$$

如果你想看看是如何计算的，可

以翻到第 198 页。

——好吧，我相信这样一个事实：如果你用这个奇怪的光钟来测量时间，那么当你站在原地或相对于钟表运动来测量时，会获得两个不同的时间。不过……你就不能像其他正常人一样用一只优雅的钟表吗？可别告诉我你会得到和你那只光钟一样的结果。

——我当然会这样告诉你，我会向你证明。假设你那只优雅的钟表总以同样的速度指示时间，无论它处在静止还是运动状态，可以吗？

——当然可以……显而易见！

——让我们来看看两只钟表和两个光钟，这四个钟表都是完全同步的。在参考系 R 中，我们把一只钟表和一个光钟放在一起，我们在参考系 R' 中做同样的事情，而参考系 R' 以速度 v 相对于 R 移动，两只钟表将继续完全同步，对吗？

——十分正确。

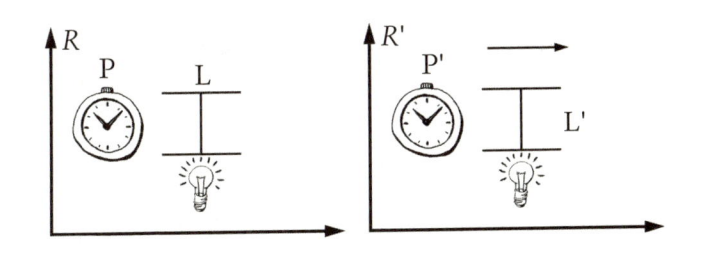

失去了同步性

——但光钟就不会这样了。我们刚才已经看到了。光钟 L 将与钟表 P 保持同步（它们相对互相静止）。钟表 P' 相对于 P 和 L 运动，但仍与它们保持同步，因为你说钟表运动不会失去同步性。然而，光钟 L' 的确不和其他三个钟表同步了，因为它相对于 P 和 L 是运动的。然而，它并没有相对于 P' 移动，但是由于 P' 仍然与 P 和 L 同步，L' 就不会与这三个钟表中的任何一个同步了。跟上了吗？

——既然 L' 相对于 P' 是静止的，为什么就不能与 P' 同步了呢？

——相当聪明的问题，不过，我暂时不回答这个问题，先继续我的推理。如果钟表总是保持同步的，无论其速度如何，那么我刚才描述的情况会发生吗？

——是的。

——那么，你就找到了一种确定绝对运动的方法。恭喜你。

——我不明白为什么。

——因为你可以让钟表和光钟同步，然后等待一段时间，看看会发生什么。如果它们保持同步（就像 L 和 P 的情况一样），那么这两个钟表就处于绝对静止状态。另一方面，如果它们失去了同步性（就像 L' 和 P' 的情况），那么这两个钟表就是在一起运动的，我们甚至可以知道它们的运动速度；其实，根据上面的方程，我们可以得到速度。

如果是这样呢？

——但这的确可能是对的！即使你不喜欢这个观点，但是绝对运动和绝对时间可能是存在的，而相对性原理也可能是不成立的。

——我根本就不喜欢这个观点。然而，即使我不相信，从推理来看你可能是对的，但是必须用实验结果来证明我的理论是否正确。重要的是你要明白，"拉动一颗樱桃可以引出另一颗樱桃"。

——不过，现在樱桃与这件事又有什么关系呢？

——我的意思是：如果我的两个假设（第一颗樱桃）是对的，那么空间和时间就是相对的，测量它们取决于我们测量它们时的参考系的速度（第二颗樱桃，被"引出"的那颗）。

——你能帮我回忆一下，你的两个公设是什么吗？

让我们提出公设

1. 相对性原理：物理定律在每个惯性参考系中都有相同的形式。
2. 在每个惯性参考系中，光速总是相同的。

——毕竟，如果假设 2 不成立，我们总是可以通过测量光速的差来确定我们是处在一个静止的还是移动的参考系中。

——好吧，我明白了：要么都是错的，要么都是对的。

——就是这样：要么像牛顿说的那样，绝对的空间和时间是存在的，那么我们就必须找到一个实验让我们确定其存在；要么相对性原理是对的，绝对的空间和时间就不存在，距离可以收缩，时间可以延长……没有例外。

——所有这些,都建立在如果"光速是恒定的"这一基础之上。

——正是如此。在接受了这一点之后,人们可以继续研究我们观察到的所有现象,看看是否有什么变化,是否需要在物理学中增加、删除、修改,甚至重写一部分。

剩饭也不要扔掉!

——整个物理学?但很多理论现在已经很有效了。

——当然,所以我们必须认真小心,对于低速的情况,结果可以在经典物理学中找到,也就是你所说的"现在已经很有效"的结果。

——"低速"是什么意思呢?

——与光速(300 000 千米/秒)相比很小的速度。比如:声音的传播速度约为 300 米/秒(0.3 千米/秒),即光速的百万分之一(0.3/300 000)。

即使是超声速飞机的速度（比声音传播速度还快）与光速相比也很小。

——所以"经典物理学现在十分有效"，因为它总是有效的？

——是的，在日常生活中，经典物理学总是有效的。这就是为什么科学家们花了这么长时间，我的相对论才得以出现：因为伽利略的相对论在之前已经够用了！

物理学明星

——不过对我来说，相对论给我的印象还是那个世界上最著名的方程 $E=mc^2$，但是好像现在还没有看到它的影子。

——在我们看这个方程之前，我的确想要留下一些悬念……就像优秀的作家一样。几个月后，我在《物理学年鉴》第18期上提出了这个方程，好像是9月……

——1905年9月。

——没错，正是那个奇迹之年。我在一篇只有三页的短论文中提出了这个著名的方程（正如你们老师说的那样，写得很大），题目是："物体的惯性同它所含的能量有关吗？"

——现在和惯性又有什么关系？这里说到的"惯性"又是什么？

——还有，"质量"又是什么意思呢？

——我还要提出另一个问题！质量与惯性有什么关系？

——如果不使用惯性的概念，就很难讨论质量。例如，牛顿将质量定义为一个物体的"物质的量"，但这只是转移问题的一种方式。到底什么是物质呢？

——物质是……物质……物质是组成我们的东西！那就是物质！

——那这个东西又是什么呢？并不是改变名称就能让我们更好地理解事物。我们"以为"我们理解了物质是什么，因为它就在那里，每天都在我们眼前，但是如果试着去定义它，我们就会陷入麻烦。

绝佳答案

——我知道了：物质是由原子构成的！每个人都这么说，这个答案是对的，你不能反驳我！

——第一，1905年的时候，并不是所有人都这么认为。第二，你刚刚说"物质是由原子构成的"……不得不承认，你说的这些作为答案还有待改进。

——你真让人气愤！既然只有你明白，那你说说什么是质量。

——质量就是当你对一个物体施加一个力时，这个物体反对运动的惯性。

——啊……这就是比我的更好的答案？不过，你刚刚说："当我对一个物体施加一个力的时候，这个物体开始运动，但它会对这个运动施加一个相反的惯性，我把这种惯性称为质量。"很奇怪，不是吗？这个对质量的描述和物质有什么关系呢？

往回看看

——还记得牛顿第二定律吗？很简单：$F=ma$，也就是，力等于质量乘以加速度。在两个物体上施加相同的力 F，这两个物体并没有承受相同的加速度，而是会承受一个与它们的质量成反比的加速度：$a=F/m$，即它们的质量越大，加速度越小，越显示出一种"移动难度"……也就是"惯性"。质量就是一个物体抵抗推动它的力量时的"移动难度"。

——是的，挺有意思的。我明白你想说什么了：如果一个物体有更大的质量（我也可以认为是更多的物质），那么我将需要施加更大的力来使它达到一定的速度。

——因此，质量越大，物体就越"不会改变"它的状态……所以，质量是物体与力相对抗的惯性。

继续向前

——好吧，我们继续。

——让我们来看看一个物体，它以辐射的形式向两个相反的方向发射了一定量的能量 E。如果我们在以速度 v 运动的参考系中做计算，我们会发现其发射的能量是 E'，而不是 E。我们是这样设想的。事实上，在第二个参考系中，物体在运动，所以必须有能量（如果一个球向你运动，球越快，对你的伤害就越大）。有了这些推理和一点数学知识……这个著名的方程就出现了。如果想要了解得更加清晰，可以去第 199 页读一读。

逻辑推理

——你们物理学家真的就是这样推理的吗？用一点小把戏，就能得出一个方程，然后声称它一定是对的？

——是的，我们理论物理学家就是

这样推理的……而且我们经常可以得到正确的答案。而实验物理学家关心的则是如何验证一个理论是否正确,即一个理论是否可以被实验结果所证实。

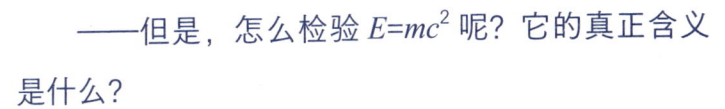

——**但是,怎么检验 $E=mc^2$ 呢?它的真正含义是什么?**

——例如,如果一个物体以辐射的形式发射出一定的能量 E,那么它的质量将减少一个数值,也就是 E/c^2。

——**有点像健身:释放能量,减轻重量……**

——……在某种意义上说是这样的。我们可以得出这样的结论:一个物体的质量是其所含能量的衡量标准,所以,如果能量发生变化,质量也会发生变化。

——**亲爱的阿尔伯特,先假设你是对的,质量是能量的一种形式,那么,正如你所说,你只是转移了问题!来解释一下这个所谓能量是什么!**

——科学家们说:能量是做功的能力。

物理学的另一面

——于是，从所有推理中，我们得出了一个荒谬的观点——质量是做功的能力。很荒谬，不是吗？

——没有你想象的那么荒谬和可悲。原子弹正是基于这种等价关系：铀原子核的一小部分质量被转化为能量。一个很小的质量，乘以 c^2，就会变成很大的能量。所做的功，不管是好是坏，肯定都不小！

——1905 年，你摒弃了绝对空间、绝对时间、绝对的和不可毁灭的"质量"，还有其他的一切，科学界做何反应呢？

——根据马克斯·普朗克的说法，任何事物都逃脱不了绝对，物理学始终是一个寻找绝对法则的科学。牛顿在空间和时间中确定了这些绝对法则，而对我来说，"绝对"则是光速。

——马克斯·普朗克是谁？

——他是第一个注意到我关于相对论的文章的科学家。

——他的重要性仅仅体现在这里吗？

——绝对不是。1905 年,他被许多人视为当时德国最伟大的科学家。1900 年,他发表了创立量子力学的著作,提出了"能量量子"存在的假说。因此,他在 1918 年获得了诺贝尔奖。

——他注意到了你的工作,这件事很重要吗?

和相对论有关的评论

——十分重要。当我的论文出现在《物理学年鉴》上时,我以为会有很多评论,甚至会有很多批评。相反,什么都没有。大家都沉默不语。过了一段时间,普朗克打破了沉默,给我写信要求解释。

——你高兴吗?

——就像你收到你们国家最伟大科学家的信时一样……

——好吧,我可能都认不出写信的人是谁……

——但我确实认出了普朗克!当我打开信封时,

我的心怦怦直跳。这样的喜悦在我一生中只经历过几次,我马上就把这件事告诉了我的妻子和妹妹。

大路宽广,无限可能

或许是因为相对论完美的内容,普朗克马上就爱上并研究起了它。他在各种会议上提到相对论,让学生在他们的博士论文中研究相对论。早在1906年,他就发表过一篇关于相对论的长篇文章,其中导出了另一个著名的公式:$m = \dfrac{m_0}{\sqrt{1-\dfrac{v^2}{c^2}}}$

其中 m_0 是静止时的质量,意味着物体的质量随着速度的增加而增加。

所以,牛顿的著名公式 $F = ma$ 也就必须改一改了。

用相对论书写这个公式，它将会变成：

$$F = \frac{m_0}{\sqrt{1-\frac{v^2}{c^2}}} \cdot a$$

让我们看看为什么我们需要改变牛顿的这一公式。为了简单起见，我们只考虑加速度为常数的情况，于是我们可以写成 $a = \frac{v}{t}$ 所以 $F = m \cdot \frac{v}{t}$

"翻转"一下这个公式，就可以得到 $v = \frac{F \cdot t}{m}$

我们可以观察到，经过很长的时间 t，速度可以变得非常大。根据上面的这个公式，只需要等待足够长的时间，速度就可以超过光速。哎哟，哎哟，这可不行。但是，如果质量 m 随着时间增加，那么速度将不会再增大。例如，当 $v=c$ 的时候，需要一个无限大的力才能使静止质量为 m_0 的物体加速。

实际上，$F = a \cdot \dfrac{m_0}{\sqrt{1-\frac{v^2}{c^2}}} = a \cdot \dfrac{m_0}{0}$

4. 双生子佯谬

明白了吗？

现在我们好像把所有东西都弄明白了，感觉似乎时间膨胀、距离缩短、质量增加并转化为能量是显而易见的……现在是质疑一切的时候了，我们将通过尝试研究一个著名的悖论来试着研究一下这个问题，这个悖论就是双生子佯谬（也叫双胞胎悖论）。

故事是这样的

有一天，两个双胞胎，皮耶罗和塞西莉亚，决定测试爱因斯坦的理论，并进行一个有趣的实验。

他们建造了一个威力惊人的太空火箭,能够以每秒18万千米(180 000 千米/秒)的速度飞行,这一速度是光速的 60%。

塞西莉亚登上火箭,出发前往距离地球 6 光年的橙色星球。一光年是指光在一年内所走的距离。计算方法很简单:一年有 365 天,每天有 24 小时,每小时有 60 分钟,每分钟有 60 秒,所以一年有 365•24•60•60 秒,约等于 31 500 000(3150 万)秒。在每秒中,光大约走了 300 000 千米,所以一年中,光一共走了 300 000 • 31 500 000 千米 =9 450 000 000 千米(9450 亿千米)。天啊!

因为塞西莉亚的火箭以 v= 180 000 千米/秒= 0.6 c 的速度飞行,所以那颗行星离她的距离就不再是 6 光年的距离,而是如下的距离:

$$L' = L \cdot \sqrt{1 - \frac{v^2}{c^2}} = 6 \cdot \sqrt{1 - 0.6^2} = 6 \cdot \sqrt{1 - 0.36} =$$
$$= 6 \cdot \sqrt{0.64} = 6 \cdot 0.8 = 4.8 \text{（光年）}$$

所以她将需要 t=4.8 光年 / $0.6c$ = 8 年的时间才能到达橙色星球。

而对皮耶罗来说，已经过去 10 年了。他相对于地球保持静止，会看到塞西莉亚以 $0.6c$ 的速度走了 6 光年的距离，所以经过的时间是 t=6 光年 / $0.6c$=10 年。

青春多美好

抵达目的地后，塞西莉亚就立即出发返回。在回程中，完全使用同样的算法，所以当她到达地球时，她会发现自己比她的哥哥皮耶罗年轻了 4 岁。她在去程中"少"了 2 岁，回程中也少了 2 岁。

——你看到了吧，皮耶罗？相对论是有效的。我比你年轻了 4 岁。

——真的是这样的，但仔细想想，

我觉得有些东西不合理……

——什么?

——我不明白怎么可能会这样。

——你必须习惯……这就是相对论的好处(对于我)和坏处(对于你)……

——但是,是的,我知道……我对"你走得快就能保持年轻"这件事没有意见,这不是问题……

——那是怎么了呢?

——所以,从你的角度来看,我和地球在远离你向相反方向运动,因此,如果从你的角度来看,我运动的速度是 180 000 千米 / 秒。

——嗯,是的,如果我从我的火箭上看你,就会看到你以这个速度远离……你要去哪里呢?

矛盾

——事情是这样的:相对于你,我是在运动的那个,那么为什么我不是保持年轻的那一个呢?

——有道理，有点混乱……现在我明白为什么这被称为"双生子佯谬"了。不过，事实上我才是那个更年轻的人，这是没办法的事，很明显！

——好吧，但是这是为什么呢？相对于我，是你在快速运动，所以变老得慢；但相对于你，是我在快速运动，所以我变老得也应该慢。既然情况不是这样……也许……

——……你是在说，没什么，没什么，我们发现了绝对运动？如果两个人之间，有一个人先变老，那么就是静止的那个。静止的那个会变老！

——这句话从足球教练的嘴里说出来应该会很适合……但我不知道爱因斯坦是否赞同这句话。

究竟谁更快变老

其实，爱因斯坦根本不会同意这一点；他认为静止的人也不会变老！或者说，没有人知道……也许这个人相对于扶手椅是静止的，舒服沉醉地休息，但谁知道相对于什么其他的东西他是不是在运动呢……双生子佯谬的解释恰恰在于，无论我们从一个参考系（皮耶罗）还是从另一个参考系（塞西莉亚）来看，现实都不会改变：在这两种情况下，塞西莉亚一定会更年轻。因此，我们必须做做计算，去理解为什么皮耶罗会比塞西莉亚变老得更多。

出发……出发！

首先我们把两个钟表都调到零，然后开始我们的旅程。

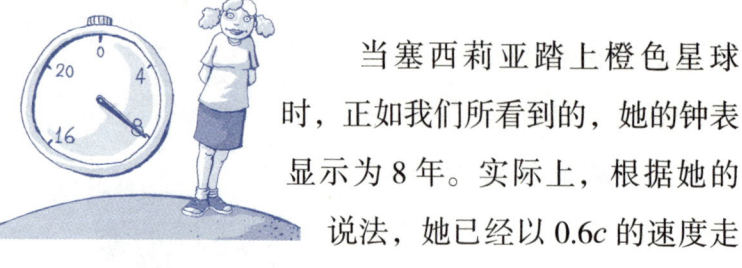

当塞西莉亚踏上橙色星球时，正如我们所看到的，她的钟表显示为 8 年。实际上，根据她的说法，她已经以 0.6c 的速度走了 4.8 光年，所以 t=4.8 光年 /0.6c=8 年。

延迟着陆

但是，当皮耶罗看到塞西莉亚着陆时，他的钟表时间显示的是什么呢？答案是 16 年，乍一看很荒唐。这怎么可能呢？很简单：对皮耶罗来说，塞西莉亚到达橙色星球需要 10 年时间（6 光年 /0.6c=10 年），而光返回地球还需要 6 年时间，因为橙色星球距离地球 6 光年，也就是说，光需要 6 年的时间才能走完这个距离到达地球。当塞西莉亚踏上橙色

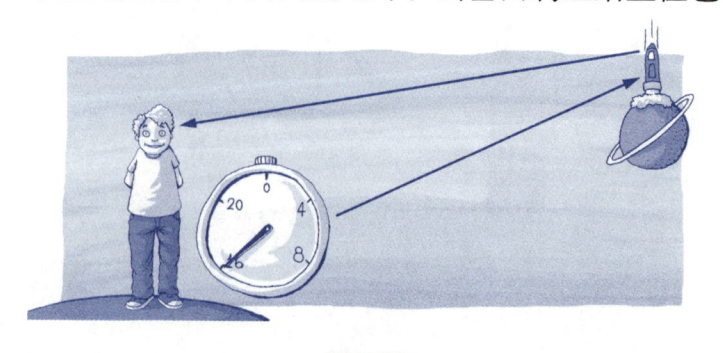

星球时，皮耶罗不会看到她着陆，而是要等待"塞西莉亚已经着陆"的消息传到他那里才会看到，也就是塞西莉亚着陆时从她那里出发的光线到达地球的时候，皮耶罗才会看到塞西莉亚在橙色星球着陆。

好吧，所以对皮耶罗来说，他的表走过的时间会是塞西莉亚的两倍。

一半的双倍

那塞西莉亚呢？塞西莉亚在她的表上看到的时间也将是皮耶罗的两倍。是不是很荒谬？没有，这是对的。其实，我们知道，塞西莉亚看她的钟表读出的是"8年"，但当她着陆在橙色星球时看皮耶罗的钟表读出的是"4年"。我们知道，那一刻，在皮耶罗的表上，已经过去了10年，但她读到的是

那一刻光让她看到的东西，也就是皮耶罗钟表上6年前的内容（10年–6年=4年）。在橙色星球上，在那一刻收到的是6年前地球上的信息，因为这是光从地球到橙色星球所花的时间。

相对性原理

好吧，情况的确是对称的：皮耶罗在他的钟表上看到的时间是塞西莉亚的两倍，而塞西莉亚在她

的钟表上看到的时间是皮耶罗的两倍！

加一个叹号吧,因为我们有点不高兴……但爱因斯坦会很高兴的。这两个人各自测量的时间都是另一个人的两倍,所以我们无法真正分辨出这两个人中谁是移动的,谁是静止的。

回家的旅程

但现在我们必须处理回程的问题。

很明显,塞西莉亚回到地球时,皮耶罗的钟表必须读出的是 20 年。假设塞西莉亚到达橙色星球后立即离开,根据皮耶罗的钟表,她花了 10 年的时间去橙色星球,又花了 10 年的时间返回。

所以,对皮耶罗来说,塞西莉亚只需要 4 年就能回来,她在皮耶罗的钟表显示 16 年的时候出发,显示 20 年的时候到达。然而,在回程中,塞西莉亚钟表上的时间却增加了 8 年,从 8 年增加到 16 年(她的旅程需要 8 年,与去程相同)。因此,皮耶罗会认为他的表走得比塞西莉亚的快一倍。对皮耶罗来说过去了 4 年,而对塞西莉亚来说则过去了 8 年。

正如我们所料，塞西莉亚身上也发生了同样的事情。在她的表上过去了 8 年，但在皮耶罗的钟表上，对她来说已经过了 16 年。当塞西莉亚离开橙色星球的时候，她在皮耶罗的钟表上看到的时间是 4 年，但当她到达时，她发现上面显示的是 20 年。

所以对塞西莉亚来说，她的表比皮耶罗的表快了一倍，即使在回程中，情况也是对称的。

然而，最后，当皮耶罗和塞西莉亚再次相遇时，他们都在皮耶罗的钟表上读到了"20 年"的数值，而在塞西莉亚的钟表上读到的是"16 年"。因此，塞西莉亚实际上要小 4 岁，不管是谁来读表。

奇怪的情况

究竟发生了什么？

情况是去程是对称的（我们无法判断谁在运动），回程也是对称的（我们同样无法判断谁在运动，谁是静止的），但最后却是不对称的，我们可以肯定，去了又返回的是塞西莉亚，因为她年轻 4 岁。问题出在哪里呢？

不对称性是由塞西莉亚离开地球的参考系并返回这个事实造成的。为了离开地球，她必须加速，也就是改变速度，而在出发之前，她是静止的。即使是为了返回，她也必须先刹车停住，然后再加速。

而皮耶罗并没有离开地球，也没有改变他的速度。

这对双胞胎的实验令人遐想，如果你接着往下读，你会看到物理学家是如何实际测量时间膨胀、距离收缩以及质量和能量的等效性的。

5. 两个相对论

又一个学位

1909年7月6日,爱因斯坦辞去了专利局的工作,全身心投入到学术事业中。

爱因斯坦众望所归地被任命为副教授,还第一次得到了官方的认可:7月8日,他被授予日内瓦大学荣誉学位。不久后,他首次参加学术会议,并在会上发表了一篇关于热体光辐射的论文。

人们记住爱因斯坦往往是因为他是"提出相对论的人",但我们不能忘记他对量子理论的贡献,这一理论让人们更加明白光的本质。在这次学术会议上,还有我们之前看到的关于光电效应的学术成果中都提及了这一理论,爱因斯坦也因此获得了诺贝尔奖。

我们不在这里讨论这个问题,但我们需要知道爱因斯坦在这些问题上所做出的贡献,了解他在 1907 年至 1911 年之间所做的工作。

一些疑虑

早在 1907 年,爱因斯坦就开始对自己的相对论产生怀疑,开始觉得有必要以"更普遍"的方式来思考这个问题。1911 年,第一篇关于广义相对论的论文问世,虽然这篇论文还非常混乱;直到 1915 年,广义相对论才有了最终的形式。

1911 年到 1915 年的这段时间内,爱因斯坦换了三次工作:如今看中他的大学甚至曾经拒绝过他,但现在所有的大学都在争抢他。

神奇布拉格

1911年3月，爱因斯坦搬到了布拉格，在那里成了一名正式教授。他的第二个儿子爱德华便出生在前一年，之后爱因斯坦教授便带着他的妻子以及两个小爱因斯坦来到了布拉格。

不过，教学工作对他影响很大，分散了他对研究工作的注意力，占用了太长时间。此外，爱因斯坦在布拉格与其他人交往不多，而为了研究当时他专攻的广义相对论，他需要与优秀的数学家一起工作。

所以，当收到返回苏黎世的邀请时，他非常高兴。爱因斯坦以前的同学、数学家马塞尔·格罗斯曼，当时已经是苏黎世联邦理工学院数学和物理学院的院长，在上任后不久，他就把他的朋友爱因斯坦叫回了苏黎世。在布拉格待了16个月后，爱因斯坦又回到了苏黎世。

回到祖国

但这仅仅是爱因斯坦一连串迁徙的开始。1914年3月,爱因斯坦再次离开苏黎世去往柏林,在那里担任更高级别的职务:普鲁士学院的一个职位、大学的一个教授职位以及随后不久开设的一个物理研究所的负责人。

除了薪水之外,最吸引人的是他在大学里不会被强制要求授课:只有在他想讲课的时候才需要站上讲台!

然而,这一次,他和家人待在一起的时间却很短。米列娃和爱因斯坦分手了,孩子们随母亲一起回到了苏黎世。

两位诺贝尔奖得主

爱因斯坦主要是受到马克斯的邀请来到柏林的。

马克斯的全名是马克斯·卡尔·恩斯特·路德维希·普朗克（1858—1947），这位理论物理学家被视为量子理论之父，也是最早注意到相对论论文的人。

马克斯·普朗克于1918年获得诺贝尔奖，该奖"以表彰他对量子的发现和其对物理学进步的贡献"。

三年后的1921年，爱因斯坦也获得了诺贝尔奖，"以表彰他对理论物理学的贡献，特别是发现了光电效应规律"。这一规律基于"光由具有能量的'量子'组成"的假设。

他们对所有人都产生了影响？

所以，普朗克和爱因斯坦都因为与量子物理学有关的发现而获得了诺贝尔奖。然而，普朗克对这一理论一直持有轻微的怀疑，而爱因斯坦则成了量子力学发展的主要反对者。这并不是因为他比其他人更挑剔，而是因为他的批评极其微妙和深刻，以至于永远无法被轻易反驳。

如今，相对论和量子力学已成为每位物理学家的必修课程，尽管并非所有问题都已得到解决。

普朗克并非当时唯一在柏林工作的世界级物理学家，而爱因斯坦则发现自己处于当时全球最具刺激性的物理学环境之一。但是，1914年，改变这些人生活的一件事发生了，那件事一直持续到差不多20世纪中期，那就是战争。

和平戛然而止

1914年8月1日，德国卷入第一次世界大战，这场战争持续数年，直至1918年结束。在随后的几年里，欧洲纳粹法西斯主义逐渐猖獗，这为第二次世界大战埋下了种子。

在第一次世界大战中，普朗克失去了三个儿子，而他的第四个儿子被纳粹杀害。由于其犹太血统，爱因斯坦惨遭迫害，被迫离开德国，前往美国寻求安全的环境。对每个人来说，生活变得更加艰难和危险。

很难想象历史上还有比20世纪上半叶更糟糕的时期，特别是对欧洲而言；同样难以想象的是，如此多高素质的科学家生活在同一个时代，推动了物理学的创新和根本性发展。

人才流失

这些科学家的生活几乎都异常艰难和痛苦。如今我们说人才流失，可与欧洲在纳粹-法西斯独裁统治时期相比，简直是小巫见大巫：几乎所有欧洲顶级物理学家都涌向美国，正因为如此，美国的物理学走在了欧洲前面，而之前欧洲一直处于主导地位。

给和平一次机会

第一次世界大战爆发时，作为和平主义者，阿尔伯特·爱因斯坦发出了响亮而清晰的呼声，呼吁欧洲的知识分子联合起来，共同对抗不断蔓延的疯狂局面。

然而，战争却持续了四年之久。

尽管战争爆发，爱因斯坦仍然在1915年成功得出了广义相对论的方程。然而，他的身体状况却并不好：那些年里，他开始出现严重的肝脏和胃部问题。他不得不遵循极其严格的饮食习惯，而在战时的柏林，找到合适的食物并不容易。由于爱因斯坦不再拥有德国公民身份，因此他可以收到瑞士亲戚寄来的食品包裹。

第二次婚姻

阿尔伯特·爱因斯坦和艾尔莎·爱因斯坦·洛温塔尔一同住在柏林。艾尔莎的母亲是阿尔伯特母亲的妹妹，她的父亲是阿尔伯特父亲的表亲。因此，艾尔莎是阿尔伯特母亲一方的一层表亲，父亲一方的二层表亲。

艾尔莎曾经结过婚，并育有两个女儿，但婚姻没有持续下去，后来她便恢复单身了。她和阿尔伯特从小就是朋友，在这个困难时期，艾尔莎对她患病中的表弟给予了极大的照顾。

他们住得很近，来往越来越多，到阿尔伯特离婚后，在1919年6月2日，他们结婚了。

在离婚判决书中，判决他的前妻米列娃将有权获得爱因斯坦的诺贝尔奖奖金。这一点非常有趣，因为爱因斯坦两年后才获得诺贝尔奖。似乎已经很明确，他迟早会获得这个奖项，而且肯定是因为相对论。不过，他是因为另一个成就获奖的，但相对论却让他声名远播、闻名世界，获得了迄今为止任何物理学家都未曾达到的声望。

6. 广义相对论

舒适的宝座!

狭义相对论成功后,相信许多人会坐在舒适的宝座上接受赞美,从而停止对新理论的探索,确信自己已经大功告成。

然而阿尔伯特·爱因斯坦却不同! 1905 年的 6 篇著名论文并没有包含他最具革命性的想法。而是在稍后的 1907 年,他的脑海中才闪现出"他一生中最幸福的想法"。

——1907 年,我在路上走着,看到一个画家在楼梯上涂房子。在那一刻,我产生了我一生中最幸福的想法……

——我不知道我想不想知道这个想法是什么……

——我还是要说：对一个自由落体的观察者来说，引力场只是相对存在，实际上不存在引力场！

——我觉得你最好保持沉默！现在你需要向我解释很多事情！第一：什么是引力场？第二：观察者是谁？第三：为什么自由落体就没有引力场？那个做自由落体的人正是因为被地球所吸引，而你却告诉我没有引力！

一：什么是引力场？

——还记得牛顿的万有引力定律吗？
——不太记得了。
——好吧。根据牛顿的定律，两个有质量的物体会相互吸引，其引力与它们质量的乘积成正比（即质量越大，引力越强），与它们之间距离的平方成反比（即距离越远，引力越弱）。方程式为：

$$F = \frac{m_1 \cdot m_2}{d^2}$$

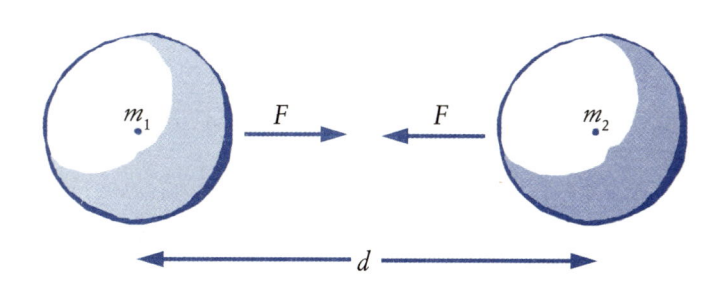

——是的，虽然经过你的解释我还是没有很清楚，但这幅图帮我回忆起来了。两个物体相互吸引的力被牛顿称为引力，很好，不过你刚刚提到的是"引力场"！这又是个什么概念？

——引力场是从另一个角度来看待同样现象的概念。我们举一个质量比较大的物体的例子，比如地球，把地球放在宇宙中的一个点上。现在想象一下，地球的存在以某种方式改变了周围的空间，创造了一个引力场，我们可以通过画些线来直观展示这个场，这些线被称为力线。

如果另一个大质量物体进入这个场，其行为将受到影响，将沿着我们画的力线移动。

——不对。月球受到地球创造的引力场的影响，但是它并没有沿着力线移动，不然它就掉到我们身上来了。

——但月球并不是静止不动的，它自身也有速度，如果地球不存在，月球就会直接进入太空。让我们拿碗和弹珠来打比方。如果你把弹珠放在碗的边缘，它就会沿着碗的力线（即最陡峭的斜线）向中心落下。但是，如果你在最开始的时候给弹珠一点推力，它就会绕着中心旋转，这是因为碗的边缘是倾斜的，也就是说，有一些力线会试图将弹珠送向中心。如果碗的边缘是完全平坦的，那么在微小的初始推力下，弹珠会沿直线运动，而不会绕着中心旋转。

——是的，我希望我弄明白了为什么会这样。但我仍然不理解为什么我们要研究"引力场"，而不是"引力"。

——很简单：引力取决于两个物体的质量，而

"场"的特征只与产生这个场的质量有关。以之前提到的碗为例,一个质量很大的物体会产生一个边缘非常"陡峭"的碗形场,而一个质量较小的物体则看起来像一个较为平缓的盘子。通过了解场的特征,我们就可以推断出任何进入这个场的其他物体会发生什么变化。

二:观察者是谁?

——好吧。那么,观察者是谁呢?

——在我们的例子中,观察者就是那个从屋顶上掉下来的人。

——他观察了什么?

——他应该是在进行物理测量并观察结果……

——……在下坠的同时?我觉得,他能做的只是尽量避免自己受到太大的伤害。

——好吧,你说得对。但是我们在这里说的是一个理想的实验。在下坠过程中,我们的观察者需要进行实验并观察结果。

——什么样的实验呢?

——他应该在试图弄明白自己是否在下坠。

——听起来并不困难。

——但确实有点困难。想象一下这个人处在大气层之外,在一个没有窗户的航天器里,因此无法看到他是否正在接近地球。他又如何知道自己是否在下坠呢?

——他可以往下扔一个物体,观察这个物体是否相对于他自己下坠。

三:为什么自由落体就没有引力场?

——如果往下扔一个物体,因为这个物体与他承受同样的加速度,正如伽利略指出的那样,这个物体会和他一起下坠。也就是说,对观察者来说,这个物体看起来是静止的。

——好吧，既然我们在做一个理想的实验，他可以拿出个秤来称称自己的重量。这个重量恰恰就是把我们拉向地球的那个力的量度。

——没错，但是由于秤也以与观察者相同的速度下落，所以天平上观察者的重量显示为零，因为他们以相同的速度运动。事实上，观察者甚至无法推动秤；因为观察者和秤一起运动，秤不会产生反作用力。

——好，那这个问题解决了：由于观察者有质量，所以应该有重量。可如果观察者的重量为零，那么我们可以推断他正以自由落体的方式靠近地球……

——……或者是他离地球很远，以至于感觉不到地球的吸引力。从实验的角度来看，观察者无法知道他是因为被地球的引力场吸引而处于自由落体状态，还是因为他离开了地球的引力场，所以感觉不到地球的吸引力。

——所以呢？

——所以，如果前面我们提到时间或距离的量度取决于观察者的匀速（非加速）运动，那么现在我们必须承认，力的量度，例如重力，取决于观察者的非均匀（即加速）运动。

——但是，如果在自由落体时我没有感觉到重力，也找不到测量它的方法，那么我又怎么知道重力到底是否存在呢？

——力场，就像时间和距离一样，只不过是自然界和观察者之间的一种关系。

——那么观察者可以取消这种关系，找到一种没有重力的生活方式。这样会更加舒服……但在我看来不太现实。

失去重力

——我不知道会不会舒服，但肯定是现实的。在你的时代，会有"抛物线飞行"这种说法。

——"抛物线飞行"是什么？

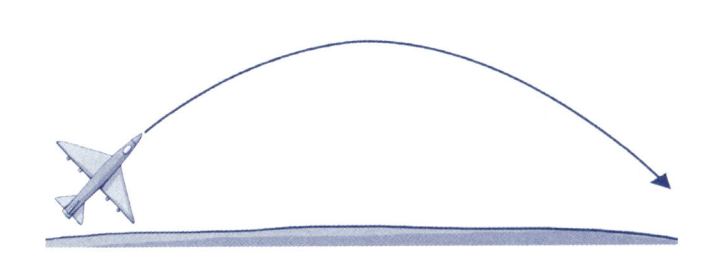

——"抛物线飞行"被用于宇航员训练以及进行无重力实验。飞机以45度的角度加速起飞，然后关闭发动机。飞机再次上升，画出一条叫抛物线的曲线。达到最高点后，飞机开始下降，仍然沿着抛物线飞行。由于发动机关闭，飞机内的宇航员失去了重量。

——希望飞行员能及时控制飞机，并在落地前停止俯冲！

——可是轨道上的航天器永远不会停止俯冲。你在电视上看到宇航员在飞船中的失重"飘浮"，正是因为他们处于自由落体状态，不是因为他们在地球的引力场之外。

——自由落体？

——当然！如果他们在引力之外，他们怎么还会待在轨道上呢？是什么让他们朝着地球持续弯曲运动呢？你扔一块石头，石头会以抛物线的方式落下；如果你更用力地扔，石头会飞落得更远；但是如果你更用力地扔，它就会进入轨道，就像它在不断下落却不接触地面一样。这就是为什么在轨道上运动不需要发动机，而且在轨道上运动时感觉不到重量：因为宇航员处于围绕地球的自由落体状态。

——太厉害了，我现在就试着跳一跳！

——但是我不会这么做；相反，我建议你尝试一个相对安全一些的实验。乘坐电梯时，让你的双腿保持"柔软"。在向上加速阶段，你会感觉到你的腿在弯曲，因为你的体重增加了。而当电梯开始下降时，你的腿会感觉到伸展，因为你的体重减轻了。

——我不信！

——试一试吧！或者你可以带个体重秤进电梯，

观察你的体重变化。当电梯开始上升时,你会发现体重稍微增加了一点。而当电梯开始下降时,你的体重会稍微减轻一些。因此,你与地球引力场的关系会随着电梯的加速度发生一些变化。

——这有点类似之前的情况,我的速度会影响我对空间和时间的测量结果吗?

——没错。事实上力的测量值会随着你的加速度而发生变化。

——真是太令人惊讶了。

——然而,力的测量结果因观察者的加速运动而改变,与"长度或时间的测量结果因观察者的匀速运动而改变"是类似的。我们可以从这些量的本质中预料到这一点,因为它们都只是与观察者的关系。

——好吧,尽管可能可以预料到,但是我之前完全没有想到这一点。你为什么会提出这个问题呢?

广义相对性

——有一件事我无法理解……

——连你也不明白？那就别跟我说了！

——不，不，很简单。牛顿说，我们无法区分静止状态和匀速直线运动状态。

——没错……但如果我没弄错的话，你也是这么说的。

——他的意思是，对于两个相对运动的物体，我们无法确定哪一个在运动。然而，我们可以测量一个物体相对于固定星体的运动，并根据这种情况判断这个物体是否真的在运动。牛顿认为存在一个绝对的空间，由固定的星体标示……所以他的相对论仍然是相对的。

——而你更激进一些……

——是的。没有固定的星体，没有绝对的空间，没有绝对的时间。

——那你想要得到什么结果呢？

——我不喜欢狭义相对论只适用于匀速直线运动的系统，而对加速运动的系统无效。

——为什么？

——因为如果绝对空间不存在，我们就无法测量绝对速度，那么我们又是如何测量绝对加速度的呢？

——这样说来，我不认为你是对的……实际情况是不同的。如果我被锁在一个匀速直线运动的机舱里，我无法意识到自己是静止的还是在运动中，但是如果机舱开始加速，我当然就会意识到……

——那如果机舱在自由落体中下降，你会有什么感觉呢？你如何测量自己的加速度呢？正如我们刚才所见，这是不可能的。因为等效原理。

等效原理

——看吧。每两秒钟你就会说出一个新东西来。

——让我们拿一个质量为 m_i（m_i 为惯性质量）的苹果。牛顿第二定律告诉

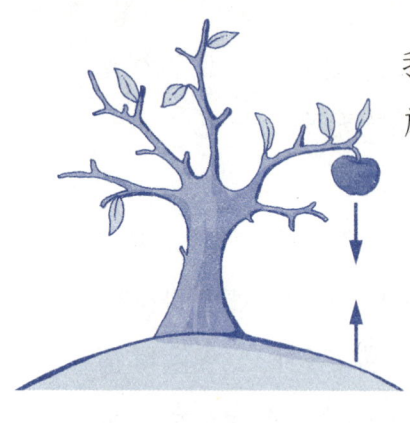

我们，如果我们对这个物体施加一个力 F，就有 $F = m_i a$ 这样的关系。对吗？

——对。

——现在让我们使用牛顿的万有引力定律，看看我们的苹果和地球之间的引力值是多少。我们知道，这个力与苹果的质量成正比，但没有人告诉我们，这个进入万有引力定律的质量正好等于苹果的惯性质量。我们称这个新的质量为 m_g（m_g 为引力质量）；牛顿的定律告诉我们，苹果和地球之间的吸引力是这样的：

$$F = \frac{m_g \cdot M_T}{d^2}$$

其中 M_T 是地球的引力质量，d 是苹果与地心的距离。

——继续。

——因此，苹果将对抗引力和惯性质量 m_i，我们可以写出这两个力的关系：

$$m_i \cdot a = \frac{m_g \cdot M_T}{d^2}$$

如果苹果的惯性质量等于它的重力质量,即如果 $m_i=m_g$,那么这个式子就可以简化为:

$$a = \frac{M_T}{d^2}$$

这是任何物体在与地球质量 M_T 的距离为 d 处所承受的加速度。正如你所看到的,苹果的质量没有继续出现在这里。

在地球的表面,就变成了

$$a = \frac{M_T}{d^2} = 9.8 \text{米}/\text{秒}^2$$

其中,在这种情况下,d 是地球的半径。

伟大的伽利略

——这是真的!重力加速度对每个人都是一样的。我记得伽利略曾说过这一点。

——没错,伽利略并没有意识到他的发现有多么重要。正是因为等效原理,重力加速度对每个人都是相同的,也就是说,对每个物体来说,惯性质量和引力质量是相等的。

——如果不是这样，会发生什么呢？

——结果会是我们之前看到的式子将无法简化，这样在地球的引力场中，每个物体都会受到一个不同的加速度 $a = \dfrac{m_g}{m_i} \cdot \dfrac{M_T}{d^2}$

这个加速度取决于其引力质量 m_g 与惯性质量 m_i 之比。

——这有那么糟糕吗？

——是的，因为广义相对论将不再适用。

——为什么会这样呢？

——因为在自由落体的过程中，你可以随时从口袋里掏出一个弹珠，并把它丢在你身边。你会感觉到自己的重力加速度，而那个弹珠会感受到它自己的重力加速度，所以你们会以不同的速度运动。因此，在这种情况下，你可以放心地说："我处于一个引力场中！"如果弹珠与你一起下落，那时你反而无法说出任何结论。

——对。然而，我们的整个宇宙也可能在相对于另一个宇宙自由下落,而我们永远无法得知。

——没错,我们永远不会知道,所以我们可以淡定一点,不必担心这个问题。

——但是,如果某一天突然撞上了呢?

——真到了那个时候,担心又有什么意义呢?

问题都解决了

——好吧,这次你又说服了我:绝对加速度是不存在的。现在你还有什么要补充的吗?

——我认为我可以继续讨论光速保持不变的观点。

——哦,我的天哪!光速当然必须保持恒定……你在做什么,又想要改变什么?

——我不可能同时得到两个结果:要么光速保持恒定,要么相对论在加速系统中成立。

——哪一个结果对你来说看起来更重要?

——第二个,广义相对论。为了广义相对论,我甚至愿意放弃"光速不变"的想法,虽然我感到非常遗憾,所以我一直在思考,一直在想……也许迟早会找到解决办法。

——阿尔伯特,我相信你,但我不明白为什么这两者不可以同时成立。

空间偏折

——让我们举一个例子。你在去太空之前去市场买了1千克的橙子。当然,在你付钱之前进行了称重,所以你确定是1千克。然后你离开地球,在太空中开始飘浮。

——……而在太空中,我的橙子变得没有重量。

——没错,但是在某些时候你会经受强烈的加速度。你重新称了下那些橙子,奇怪的是,橙子的重量又变成了1千克。你也称了下自己的体重,发现显示的是你离开地球前的40千克。发生了什么呢?

——我回到了地球上。

——……也可能是一个调皮的宇宙巨人将你的宇宙飞船抓住,以9.8米/秒^{2}的加速度向上拉。你如何确定你所受到的力是来自这两个力中的哪一个呢?

——也许我可以假设那个宇宙巨人不存在?

——如果你想沿着这个思路继续,我可以回答说可能是有人启动了引擎,你的飞船正在加速达到9.8米/秒^2。这也是可能的,对吧?

——当然也是可能的。如果我和周围的一切都"感觉"到了9.8米/秒^{2}的加速度,我怎么能知道这是因为地球还是因为引擎呢?

——事实上,你无法确定,这是等效原理的另一种表达方式。

——也就是说:"一个力和另一个力相等"?

——更确切地说,如果你感觉到一

种像引力一样的力,因为所有的物体都以相同的加速度下降,你无法确定是存在引力还是你的参考系(即你的火箭)正在加速。

照一束光

——好吧,但这与光,还有不能保持恒定的光速有什么关系呢?

——你待在火箭里,用手电筒照亮你前面的墙壁。现在,宇宙巨人来到这里,把火箭抬到与光束垂直的方向。结果,光射在墙上的位置会在比没有巨人干扰时更低。事实上,光沿着一条直线运动(相对于你来说,而你相对于光是静止的),而火箭的加速方向则与光的运动方向垂直。这样对吗?

——当然,有什么问题吗?

——如果有人从火箭外面看这个场景,他们会看到光线发生了弯曲。光线不是直行的了!

——然后呢?

——那么在引力场中也要是这样。如果我们不能区分引力和其他类型的力,那么光在引力场中就一定会弯曲。

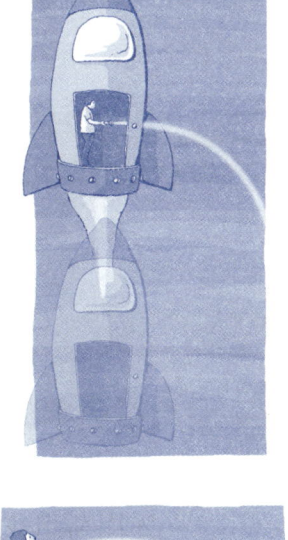

——在我看来并不是什么严重的问题。即使我把一块石头扔进引力场,它的轨迹也会弯曲。月球在地球引力场中的运动轨迹也是曲线。这好像并不是什么耸人听闻的大事!

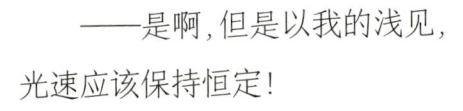

——是啊,但是以我的浅见,光速应该保持恒定!

——那又怎样呢?即使光线弯曲了,它难道就不能继续以300 000千米/秒的速度前进了吗?

——但是,在物理学中,速度不仅仅是一个数字,还是一个矢量。也就是说,速度必须还要有一个方向。如果光速要保持恒定,那么它的大小必须恒定为300 000千米/秒,并且方向也必须保持恒定。如果光会弯曲,那么光速就不再是恒定的了。

——哎哟，哎哟。你进到了一个死胡同……承认吧，你给自己挖了个坑！如果你自己对自己提出反对意见，那就有点自相矛盾了。你还是放弃吧！

孕育 10 年的思考

爱因斯坦花了一些时间将自己从陷入的困境中解脱出来。他在 1907 年有了第一个直觉，但他还要等待将近 10 年，直到 1916 年 3 月底，他才向《物理学年鉴》杂志发送了题为"广义相对论基础"的论文，其中提出了这个理论的最终版本，并描述了为验证其准确性所要进行的测试实验。

阅读和理解爱因斯坦关于广义相对论的文章并非每个人都能做到；人们需要掌握大量的数学知识，比之前爱因斯坦所说的"一生中最幸福的想法"要复杂得多。正是由于这个原因，他花了大约 10 年的时间才找到了这一问题的满意答案。他还要研究许多新的数学成果，这些成果很多都是与他同时代的数学家们刚刚研究出来的。

泛泛地说说广义相对论

不过，我们可以尝试了解一下这些方程式背后的内容。

在论文的开头，爱因斯坦就提出了你刚才和他讨论的问题，他说物理定律不能随着观察者参考系的改变而改变，无论观察者是处于静止状态还是做匀速直线运动（这就是"狭义相对论"，或"狭义相对论"所陈述的问题），还是进行任何其他方式的运动（这正是广义相对论的起点）。

因此，爱因斯坦继续指出，我们写下的物理定律必须对每个参考系都适用，无论其如何运动。而且，如果有两个参考系以恒定的加速度相对运动，我们将无法确定该加速度是不是由引力场引起的。这就是等效原理，因为引力场具有赋予所有物体相同加速度的显著特性。

如何陷入困境

文章继续指出，从这些思考中可以看出，广义相对论的提出必然导致引力理论的出现，因为将物体放置在均匀加速的参考系中就会"产生"一个引力场。

然而，这还不足以解决问题。爱因斯坦得出的结论是：由于光束在匀速直线运动的参考系中具有直线轨迹，在加速的参考系中具有曲线轨迹，因此我们必须以某种方式修改"光速在任何参考系中都恒定"的原则。

此时，爱因斯坦着手寻找描述这一点的物理学方程，同时保证这些方程在改变参考系时保持不变。然而，这一部分内容非常复杂，我们不在此进行详述。

如何摆脱困境

然而，最终，爱因斯坦找到了这个方程，否则我就无法在这里高谈阔论了。这些方程描述了一个四维空间，其中三个维度是我们通常所说的空间（高度、长度和深度），而第四个维度描述的则是时间。但这还不是全部——这个空间实际上是……弯曲的！这就是为什么光线即使速度保持不变也会弯曲：并不是光改变了方向（即弯曲），而是它穿过的空间弯曲了。

点的世界

为了理解什么是弯曲的空间，让我们想象自己是生活在一个二维世界（比如一张纸）中的点。

如果我们的世界是这张纸，我们就只能在两个维度上移动：一个维度是宽度，另一个是高度。无论在什么情况下，我们都不能像笔一样停止在纸面上书写，然后离开纸面（因为我们的真实世界是三维的，不仅有宽度和高度，还有深度）；我们必须

停留在纸面的两个维度中，被"压扁"。原因很简单，在我们构建的这个点的世界里，第三维度并不存在。

现在，假设你是纸上的点 A，想找到一条最短路径到达点 B。很简单：只需画一条直线并沿着这条线走。

气球上的世界

让我们把情况变得复杂一点。现在假设你仍然是一个点，仍然生活在一个二维的世界里；但这一次，你的世界不是一张纸，而是一个气球的二维表面。因此你不能进入或离开这个气球，你必须始终停留在它的表面上。你的任务仍然是相同的：以最短的路径从点 A 移动到点 B。

看看这张图。这一次，你不是沿着直线移动，而是沿着一条弯曲的线移动。这并不是因为你绕了一圈又一圈，而是因为你所处的世界就是弯曲的，你只能沿着它的曲面移动。这和光的运动方式是一样的：它总是沿着最短、最直接的路径移动，但如果空间是弯曲的，那么光也会弯曲。然而，相对于它所经过的空间而言，光的路径仍然尽可能地保持直线。

视角

实际上，对在平坦空间里观察的我们来说，道路看起来是弯曲的；但对在气球上移动的人来说，道路看起来是平的。如果这个人从气球上观察我们所处的平坦空间，那么他也会觉得我们在做曲线运动。

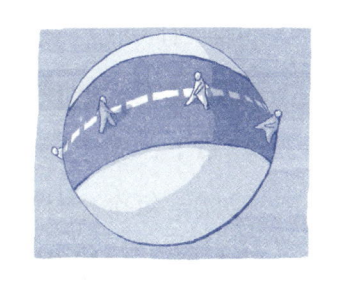

这就是相对性：一般人可能会说"取决于观察者的视角"；而物理学家则会说"取决于参考系"。

长度、时间、力、质量和能量的测量取决于参考系，但这些量之间的关系，即物理定律（包括光速）在每个参考系中必须保持不变。

什么时候弯曲？

空间在什么情况下会弯曲呢？爱因斯坦的方程非常清楚地阐明了这一点：质量会引起空间的变形。

我们可以将空间想象成一块被完全绷紧的橡胶布。当你加上一个有质量的物体时，布会发生变形。举例来说，假设太阳是一个沉重的球体。你把球放在布上，布上就会形成一个凹陷。如果你放置两个球体，每个球体都会倾向于滚入另一个球体造成的凹陷中。如果你无法看到这块布，这一切看起来就像是两个球体在相互吸引。

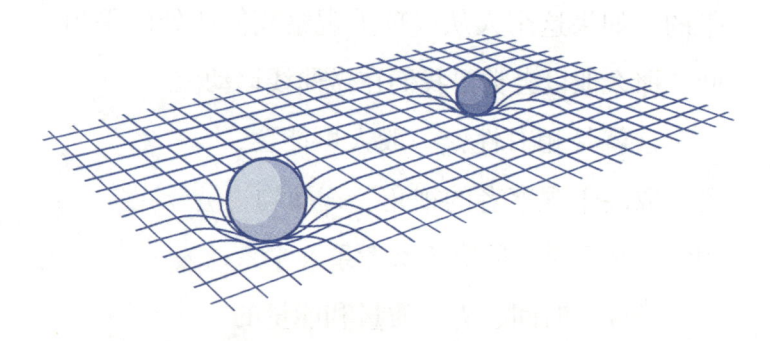

如果想了解关于质量如何弯曲空间的实验，可以去看看第 200 页。

致命吸引力

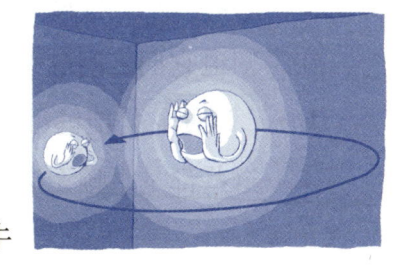

我们终于解释了曾给牛顿带来如此多问题的引力之谜。

想象我们进入了一个黑暗的房间,在房间中央悬浮着一个大的磷光球,其质量为 M。在真空中,另一个较小的磷光球(其质量为 m)围绕着大球旋转。这怎么可能呢?没有人推动它,也没有发动机的声音或者在轨道上发出刺耳的车轮声。不可能有一根电线使小球围绕大球旋转,因为小球自身也在自转,这样的话电线就会绕着它旋转。

很明显,这两者之间存在着一种吸引力,否则小球就会自行脱离。如果我们测量它们相互吸引的力,我们会得到一个奇怪而真实的结果:

$$F = \frac{m \cdot M}{d^2}$$

这是个谜。这两个球体是如何相互吸引、相互传递信息的呢?也就是说,是如何使它们知道彼此的存

在，知道它们之间的距离（d）和它们的质量（m 和 M），以便它们能够准确地相互吸引呢？

这些都是牛顿无法回答的问题。

要有光！

最后，爱因斯坦打开灯，照亮了房间，发现了其中奥妙。他看到球体位于一个弯曲的四维空间中，看到它造成的凹陷，他看到小球沿着这个凹陷的边缘转动，这是它唯一能够转动的方式，就像我们之前提到的弹珠在碗的边缘转动一样。这两个球体并不是相互吸引的，它们之间没有任何交互作用：它们都在被另一个球体弄得弯曲的空间中运动。

牛顿可以安息了。

重力是存在的吗？

那么，重力并不是一种力，而是由质量存在引起的时空变形。在这个空间中，物体以"自然的方式"运动，或者更准确地说，以惯性运动，即匀速运动，沿着因质量存在而变形的时空轨迹。可是如果我们像往常那样，从我们所处的平坦三维空间参考系来观察世界，并且认为时间是与空间无关的变量，那么在自由落体运动中，轨迹看起来就会是弯曲的，运动看起来会是加速运动。

人们不相信

但亚里士多德在公元前4世纪是怎么说的？这位伟大的希腊哲学家曾断言："如果没有干扰，物体就会通过'自然运动'朝向地球运动或围绕地球运动。"但是16世纪的伽利略和牛顿回答说："不，如果没有干扰，物体会以匀速沿着最短的空间线，也就是直线运动。地球引力正

是导致物体运动状态改变的干扰因素之一。"

今天，阿尔伯特·爱因斯坦总结说："是的，如果没有干扰，物体会沿着空间中最短的路径（并不总是直线）进行匀速运动。这就是物体的自然运动，而且这样的运动恰恰是朝向或围绕地球（或任何其他大质量物体）进行的。"

经典学说

亚里士多德在将引力描述为"自然运动"时，不太可能想到广义相对论，但后来我们的文化中发展起来的许多基本观点似乎已经存在于古希腊思想中。

引力波

我们观察到，大质量物体会引起空间的弯曲和变形；然而，根据爱因斯坦的理论，当大质量物体运动并加速时，它们会激起时空涟漪并产生波，类似于将石头扔进池塘时发生的情形。这些波被称为"引力波"，预计以光速在整个宇宙中传播。

在下一章中，你将看到，引力波的存在是科学家们在2016年2月首次成功验证的广义相对论观点。这个观点的确认十分重要，为物理学打开了新的篇章。

夸张的形变

如果我们在时空的一个点上放置一个非常非常大的质量，会发生什么呢？

这个大质量会创造一个非常深的洞，以至于附近的一切都将落入其中。而随着洞中的质量继续增加，洞会变得更深，吸引更多的东西。这个恶性循环没有结束的一天：进

入洞的质量越多，洞就越深；洞越深，进入洞的质量就越多！

爱因斯坦的理论预测了"黑洞"的存在。

这些时空的区域是如此之"深"，以至于光都无法逃逸。这就是这些区域被称为"黑洞"的原因，因为即使是经过附近的光也会"掉进去"，再也无法出来。

星系中心

今天，天体物理学家已经在宇宙中发现了许多个黑洞。实际上，每个星系的中心都有可能存在黑洞，而恒星和行星在不断围绕着这些由广义相对论预言的奇特黑色天体旋转。

7. 为相信而做的尝试

出发点

爱因斯坦依靠假设和思想实验建立了相对论。假设的意思是"一种显而易见但无法证实的陈述"……可能对我们来说,这些假设没有那么显而易见,但无法证实它们还是让我们觉得有点恼火:所以,我们到底该不该相信爱因斯坦的理论呢?

在一个理论被证明之前,人们总是无知的;但如此革命性的理论,在人们找到对其有利的证据之前,总是被认为是错误的。爱因斯坦也知道这一

点，所以，在论文的结尾，他总是会加入一些实验的想法，这些实验可以证明他的直觉是正确的。

水星近日点

关于广义相对论的论文，以一个困扰天文学家已久的水星之谜的答案结束：水星，这个离太阳最近的黄色行星，并没有遵循牛顿理论所预测的轨道运动。

水星平均距离太阳约 5800 万千米，大约 88 天内可以绕行完其轨道。其轨道上最接近太阳的那一点被称为"近日点"。水星的近日点在空间中并不固定，而是如你在图中看到的那样，在行星的运动方向上缓慢移动。由于近日点是移动的，所以近日点会被视为"进动"或受制于一种进动运动。

水星近日点的进动是牛顿理论所预测和解释的现象，但计算出的数值与事实并不相符：水星近日点的运动速度比预期的要快，每 100 年就比天文学家预期的提前 43 弧秒。

法国 0:1 德国

法国天文学家勒威耶（1811—1877）发现了这一奇怪的现象，为了解释这一现象，他假设存在另一颗尚未被观测到的行星，其存在会扰乱众神使者——水星的轨道。

但人们从来没有发现这颗行星。当时人们认为金星更重，会对水星产生更大的引力……但这种假设仍然没有产生预期的结果。还有人假设水星可能有卫星存在……但没有任何观测结果支持这些假设，这些天体也没有被观测到。

于是，在持续了约一个世纪的各种努力都徒劳无功后，爱因斯坦在论文的结尾通过计算证明了他的理论的有效性……每 100 年增加的 43 弧秒正是前人方程中缺失的部分。

很明显，这个数值是一个小数点后的极小数字，但同样明显的是，这个证据并不足以让科学界接受一个四维、弯曲且没有引力的宇宙！

听，听！

——1919 年 5 月 29 日，也就是两年后，将发生一次日食！一次神奇的日食！

——太棒了！但是，请问你是……？

——我是亚瑟·斯坦利·爱丁顿爵士，格林尼治天文台的台长，位于伦敦附近。

——那我可以相信你：你是那个时代对日食了解最多的人之一。

——当然。这次日食将会非常特别。当太阳被月球遮挡的那一刻，我们从地球上能看到太阳在天空中的位置出现一个特殊的亮星群，这可能是我迄今为止见过的最好的星空。

——嗯！那又怎么样呢？

——我并不是说相对论不能在其他地方得到验证，但像这样的幸运日需要很长时间才会再次出现！

天体重叠

——为什么需要日食才能证明呢？

——我们需要测量光在经过大质量物体附近时是否真的会弯曲，也就是说，光是否也会像理论预测的那样"落入"引力场。地球的质量和体积太小，我们无法观测到光在地球上的弯曲，但是如果来自恒星的光经过太阳附近到达我们这里，太阳的质量应该能使光发生足够的偏转，让我们能够测量出来。

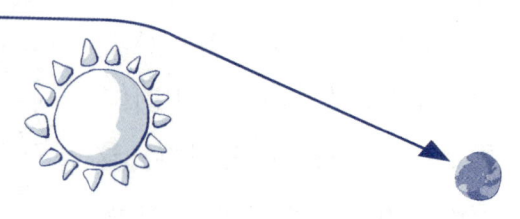

——为什么要在日食期间进行这样的测量呢？

——因为如果不这样的话，太阳的光会让我们看不到恒星！也许我们可以用开关把你的光关掉，可是要关掉太阳？

——对不起，显然你是对的。

——日食将在两年后发生，希望到时能结束这些争论。如果我们无法在1919年进行测量，1938年还会有另一次机会，那时太阳将再次靠近发光的恒星。当然，令人难以置信的是，相对论恰好在这两个如此有利的天文事件之前提出，这让我们能够验证相对论的可信度。

——看来在星星中可以找到让人们相信的东西。

——当然了，星星对相对论的验证非常有帮助，但人类却还在破坏这个有利的局面。战争还在继续，谁知道1938年的情况会如何呢！

富有想象力的斯威夫特

——也许我不该这么说。对你来说，这些测量有那么重要吗？你对这个奇怪的理论真的很热衷吗？

——很奇妙。作为一个典型的英国人，我是读着《格列佛游记》长大的。当格列佛遇到小人国的小人时，格列佛把他们看作小矮人，而小人国的小人把格列佛看作巨人。要想象这样的情景，需要一定的想象力。

——那这和你对相对论的喜好有什么关系呢？

——因为相对论告诉我们，情况总是相对的。就好像格列佛把小人国的小人看成小矮人，而小人国的小人也把格列佛看成巨人……不过，这样的想法太荒唐，没法写在小说里；这样的思想只能在科学文献中找到一席之地，对某些人来说，科学"既严肃又无聊"呢!

为了了解斯威夫特(《格列佛游记》的作者)的想象力是否真的逊于科学的想象力,我们组织了两支考察队来观察1919年5月29日的日食。幸运的是,当时第一次世界大战已经结束了,虽然是刚刚结束。

历史性的考察

鉴于这次日食只在南半球可见,我们决定在巴西北部的索布拉尔和西非几内亚湾的普林西比岛观测日食。而刚才提到的爱丁顿正好去了普林西比岛。

当时进行了至少两次考察,一是为了收集更多数据,以进行比较,二是为了降低恶劣天气遮挡天空而无法进行测量的可能性。这两次考察都是由英国人组织的。

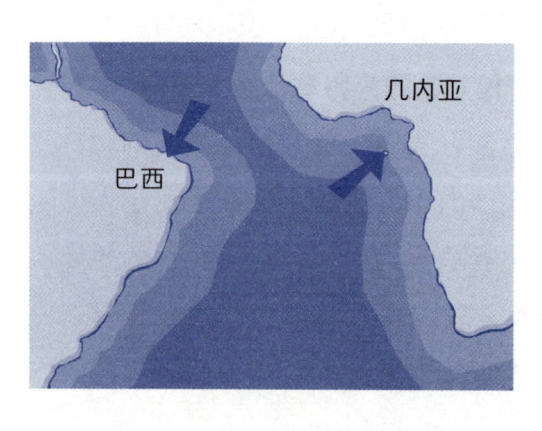

屏息凝神

就像哥伦布发现美洲新大陆一样，只有少数人知道这项即将改变世界的事业；其中之一当然是爱因斯坦。他在给朋友安吉洛·贝索的信中写到，即使不知道实验结果如何，他仍相信相对论……然而当他收到洛伦兹的电报，告诉他第一批数据与理论结果一致时，他非常高兴。

爱因斯坦也通过电报将这个好消息发给了母亲宝琳，她当时正因病重在卢塞恩住院治疗。爱因斯坦的母亲在次年去世前看到了她儿子声名鹊起。

开会中……

考察队返回后，英国人组织了一次会议，展示了获得的测量结果，并宣布爱因斯坦理论的成功。

这次历史性的会议于1919年

11月6日在英国皇家学会总部举行,由英国皇家学会和天文学会共同组织。

两次考察的实验结果在误差范围内完全相符,并与爱因斯坦的假设完全吻合。

牛顿的画像被虔诚地挂在房间的墙壁上,他听到了这样的话:"这是自牛顿以来在引力理论方面取得的最重要的成果……这个成果是人类思想最伟大的成就之一。"

牛顿永远是对的

这句话是英国皇家学会会长约瑟夫·汤姆孙说的。汤姆孙是一位优秀的英国科学家,他还强调,光的曲率(技术上称为偏转)是由牛顿提出的。牛顿认为,光是由非常小的粒子组成的,因此这些粒子不可能不受到引力的吸引,就像任何其他物体一样。

当然,能够想象到光粒子的存在,牛顿的确非常令人惊叹。是的,光粒子是存在的，虽然它没有质量，但由于相对性原理，同样会因为太阳的质量而发生偏转！！

牛顿计算预测到的光线曲率约为观察到的一半，而爱因斯坦的理论预测却和测量结果完全一致。

新闻评论

第二天，即 1919 年 11 月 7 日，汤姆孙在《泰晤士报》上以"科学革命——宇宙新理论——牛顿的想法已过时"为标题提出了他的观点。那份报纸的其他部分则展示了当时的欧洲：战争刚刚结束，此地满目疮痍，几乎没有重建的迹象。

11 月 8 日，《泰晤士报》又发表了《科学革命——爱因斯坦 VS 牛顿——杰出物理学家们的观点》。11 月 9 日，这一消息被美国人发现并发表在《纽约时报》上，说这"也许是人类思想的最伟大成就"。

11 月 19 日，洛伦兹在荷兰媒体上发表了支持爱因斯坦的言论。

11月23日，另一位著名的德国物理学家马克斯·玻恩（1882—1970）的一篇文章出现在了法兰克福的一家报纸上。文章的标题是"空间、时间和引力"。

绅士间的欣赏

爱因斯坦本人应邀在《泰晤士报》上阐述了他的观点，并在11月28日发表了一篇文章。

爱因斯坦用这样的话来感谢英国人："英国科学家在战争中为验证一个在敌国发表的理论而投入了时间和精力，这符合英国科学伟大的骄傲传统。这是英国人真正应得的赞美，英国科学家成功地将科学置于所有因素之上，在历史上并不总是如此。"

科学新闻

总之，这一新闻走出了专业期刊的小圈子，原本只有科学家和研究人员可以阅读的新闻，出现在越来越多国家的报纸上。每个人都在评论说："我们什么都看不懂。""科学家必须向我们解释为什么会这样……""星星并不在我们看到它们出现的地方……但不用担心。""光在天空中走得歪歪扭扭。"……总之，记者们给新闻增添了一些色彩，试图捕捉其壮观一面来吸引公众……很少有其他理论比相对论更吸引人。

睁眼做梦

相对论是一个通过观察光而诞生的理论，它改变了我们对时间的概念，描述了一个弯曲的空间。而且，相对论还是一个可以在星星上找到实证的理论！

让我们做梦的元素都具备了，科学家们已经能够卸下牛顿引力等已确定观点的包袱,但这并不意味着破坏这些观点,而是超越以前的观点,从而看得更远,打开未来。

而这个梦是在两次战争之间诞生的,虽然在这段时间里很少有做梦的理由。难怪阿尔伯特·爱因斯坦在 40 岁时就像好莱坞明星一样出名了。

第三次验证

爱因斯坦的著名论文提出了三个验证实验,以验证其理论的有效性。

第一个是计算水星的近日点,结果是正确的;第二个是太阳引力场导致的光线偏转,也很顺利;第三个是当光从强引力场中逃逸时的"红移"现象。

我们试着理解一下其含义。

光的颜色是由其频率决定的,即光波在一秒钟内做了多少次振动。后面这张图可以让你了解红色光波和蓝色光波之间的频率差异。

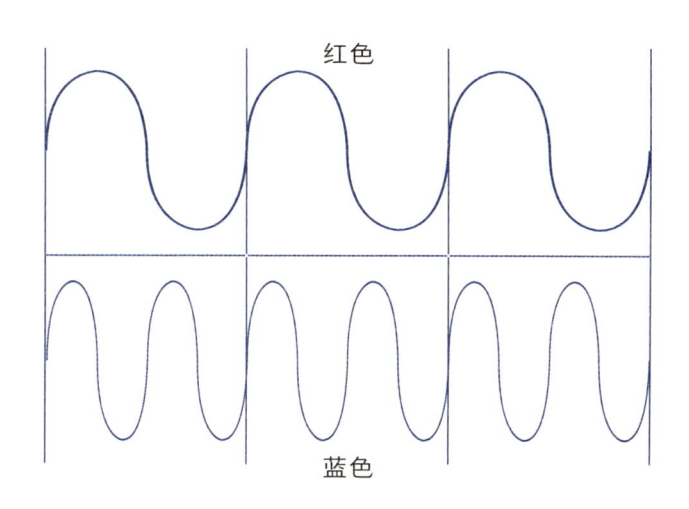

红色

蓝色

恒定速度下的减速

波的能量与其频率成正比。因此，具有高频率（即在一秒钟内进行很多次振动）的蓝光具有高能量，而红光的能量则较低。

在远离引力场时，物体会失去与其速度有关的能量（即动能），我们会发现这一点是因为物体的速度变慢了。例如，当我们向上扔石头时，我们会看到随着它向上升,它的速度会减慢。

根据爱因斯坦的说法,光也会失去能量,但由于光的能量与频率有关,而且光速不能改变,因此能量的损失应该表现为光波频率的降低,我们应该看到光转变成红色。

在地球上观察到这种现象并不容易,因为地球的引力场很小,但在宇宙中观察就比较容易。天文学家已经注意到,在质量非常大的恒星发出的光中,可以观察到其中高达10%转变成了红色。

副作用

广义相对论的另一个结果是,时间在山顶过得比在海平面快。这并不是因为光对居住的地方有什么偏好,而是因为山顶离地球中心更远,重力要小一些。

1955年,第一个原子钟建成。原子钟的工作原理是利用某些原子发出的辐射,而这种辐射总是相同的。例如，今天，我们称之为"秒"的时间单位被定义为铯-133原子发出的辐射完成9 192 631 770次振动所需的时间。

振动的变化

我们已经知道，辐射的振动频率取决于周围的引力场，因此，如果引力场发生变化，我们就不能期望辐射的振动仍然是相同的。根据爱因斯坦的方程，山上的时钟应该比海平面的时钟走得快。

位于都灵的费拉里斯研究所进行了一个实验，来验证广义相对论的这个预测。他们使用了两个在平原上运行非常准确的原子钟，把其中一个带到杜富尔峰顶上待了几天。结果发现，杜富尔峰上的时钟比城市里的时钟快了30纳秒（三十亿分之一秒）。

空间和时间

然而,我们还没有看到任何证据可以证实狭义相对论。根据狭义相对论,测量相对于我们运动的事物时,测出的距离和时间比测量静止的事物时要短,这是真的吗?

在寻求狭义相对论的实验证明时,最大的问题在于很难达到足够高的速度来产生足够大的相对论效应,所以一般很难观察到这一现象。

但是在这个问题上,就像在日食问题上一样,爱因斯坦再次从其他物理学领域获得了帮助。科学家们开始越来越深入地研究物质,并发现了"基本粒子",即组成物质的微小"砖块"。科学家们还意识到,地球不断受到来自太空的高能量,即非常快的基本粒子——"宇宙射线"的轰击。

μ子

宇宙射线中的一种粒子被命名为介子，后来更正为 μ 子，我们在这里只使用其更现代的名称。

这是 μ 子的身份证，通常用符号 μ（读作缪）来指代：

—— 它的质量（m_μ）大约是电子的 200 倍，约为 $1.9 \cdot 10^{-28}$ 千克；

—— 既有带正电的 μ 子，也有带负电的 μ 子：写作 μ+ 和 μ-；

—— μ 子的半衰期（t_m）为 1.56 微秒。

对于这个基本粒子，了解质量、电荷和半衰期（一半的粒子衰变成其他粒子所经过的时间）就够了。

现实总是超越幻想

是的，因为我们还需要知道关于基本粒子的另一点：经过一定时间，它们会衰变成其他粒子。就好像你的桌子在一段时间后变成了两把椅子，而这两把椅子又变成了一对凳子，或者干脆变成一束光。

而粒子转化为其他粒子的这种特性也与相对论有关。因为我们知道，质量可以转化为能量，能量也可以转化为质量。当然，并不是所有的转化都可能发生。比如，初始的质量和能量之和必须与转化后之和相等。

宇宙实验室

10 千米

我们的地球生活在宇宙射线的持续高速轰击之下，其中包含许多 μ 子。我们可以直接利用从宇宙中"免费"来到我们身边的粒子来研究它们的行为。

让我们看看会发生什么。假设我们在距离地球 10 千米处观察到 100 万个 μ 子，它们以 0.98 倍的光速向我们移动，即 $v = 0.98 \cdot 300\,000$ 千米/秒 = $294\,000$ 千米/秒。

它们需要多长时间才能到达地球呢？

$$t = \frac{s}{v} = \frac{10千米}{294\,000千米/秒} = 0.000034秒 = 34微秒$$

但在 1.56 微秒后，一半粒子会衰减，再过 1.56 微秒后，又会衰减一半。所以，如果在 10 千米的高度有 N_0=1 000 000 个粒子，到达地面的只有这么多个：

$$N = 2^{-\frac{t}{t_m}} \cdot N_0 = 2^{-\frac{34}{1.56}} \cdot 1\,000\,000 = 0.0000003 \cdot 1\,000\,000$$
$$= 0.3（相信我们的计算）。$$

这是时间在所有参考系中以相同的方式流动的情况；但是我们站在地球上静止不动，看到 μ 子以 294 000 千米/秒的非凡速度运动，如果我们同意爱因斯坦的观点，我们必须认为对一个运动得如此之快的 μ 子来说，时间会膨胀，时间会过得更慢，因此 10 千米不会在 34 微秒内走完，而会在以下时间内走完：

$$t_0 = 34 \cdot \sqrt{1 - \frac{v^2}{c^2}} = 34 \cdot \sqrt{1 - \frac{294\,000^2}{300\,000^2}} = 34 \cdot 0.2$$
$$= 6.8（微秒）$$

我们观察 μ 子的时钟，会发现它比我们的时钟慢，所以当我们的时钟经过 34 微秒时，μ 子的时钟只经过了 6.8 微秒。

如果这是真的，也就是说，μ 子的时间跑得更慢，那么在这短短的时间里，会有更少 μ 子发生衰变，在地球上会观察到更多的 μ 子。

具体来说，如果在 10 千米的高度，有 100 万个 μ 子以 294 000 千米 / 秒的速度运动（根据它们的时钟，需要 6.8 微秒才能到达地球），那么到达地球的 μ 子数量为：

$$N = 2^{-\frac{t_0}{t_m}} \cdot N_0 = 2^{-\frac{6.8}{1.56}} \cdot 1\,000\,000 = 0.049 \cdot 1\,000\,000$$
$$= 49\,000$$

……说到相对论……

但是在做实验之前，你可能会指出，这不是很有说服力。因为如果相对论是对的，那么物理学就不能依赖于参考系。如果我们选择 μ 子的参考系，那么 μ 子就是静止的，而时间对 μ 子来说是"正常"流动的。

如果我们"骑着" μ 子，我们看到它是静止的，因此，对 μ 子来说，要走 10 千米就将经过这著名的 34 微秒……但它并不需要走 10 千米的路程！

其实，根据 μ 子看到的自身接近地球的速度，μ 子测量出的它与地球的距离将会是：

$$d = 10 \cdot \sqrt{1 - \frac{v^2}{c^2}} = 10 \cdot \sqrt{1 - \frac{294\,000^2}{300\,000^2}} = 10 \cdot 0.2 = 2 \text{（千米）}$$

因此，需要走的距离将只有 2 千米，所需时间为 $t = \dfrac{d}{v} = \dfrac{2}{294\,000} = 6.8$（微秒）

看吧，我们的情况还是和之前一样！μ 子总是需要 6.8 微秒才能到达地面，因此，如果相对论是正确的，100 万个 μ 子中大约有 49 000 个会到达地面；而如果相对论不对，我们将只会看到 0.3 个，即在离地面 10 千米处看到的每 300 万个 μ 子中大约剩下 1 个 μ 子。

需要一点耐心

直到 1940 年，也就是爱因斯坦那篇著名的文章发

表后35年，布鲁诺·罗西（1905—1993），20世纪最伟大的意大利物理学家之一，发现他观测到的到达地球的μ子数量与用相对论时间膨胀（或距离收缩）计算的μ子数量非常一致。

——……于是，布鲁诺，你被迫相信了相对论。

——我之前就已经相信了。35年过去了，当时所做的所有实验都与相对论一致。因此，我们后来看到的时间的膨胀或距离的收缩，之前都已经预测到了。

——那么，如果你已经知道，为什么还要去测量μ子呢？

——为了知道μ子是什么以及它们的性质。实际上，我们实验最重要的结果是验证了μ子衰变的事实。

——这与相对论有什么关系？

——这样一来，我们就可以通过数学计算来验证了，因此我们的实验也被认为证明了狭义相对论的正确性。

μ 子计数器

——对不起，布鲁诺，你是如何计算这些 μ 子的？我觉得就算它们到了这里，我也没有办法可以看到或感受到它们。

——当然这些 μ 子会到达，而且它们可以通过不同的方式"显现"出来。我使用了所谓盖革 - 米勒计数管。这些圆柱形的计数管里有图片所示的电路。中间的电线被称为阳极，保持在正电位，而外面的圆柱体是阴极，保持在负电位。

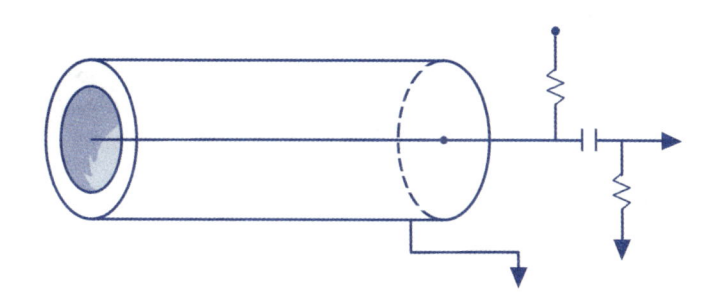

——我不明白你在说什么。

——比如我们拿一个普通的电池，就像电视遥控器里的那种电池，可以看到在有凸起的一侧有"+"

号，而在另一边可以看到"-"号。如果用一根电线连接这两极，就会有电流通过，遥控器就会工作；但只要你不关闭电路，电位差就会一直保持。

——但是你是如何用电路来计算μ子的呢？

——要理解这一点，你至少应该对原子的组成有一个概念。

——我有一个非常模糊的概念。原子的中心是一个原子核，由带正电荷的质子和不带电荷的中子组成。围绕原子核旋转的是电子，带负电荷。围绕原子核旋转的电子数与原子核中的质子数相等。

微观冲击

——就我今天要讲的内容而言，你理解的这种原子的形象是没问题的。我会在旁边的图中进行一下概括。盖革-米勒计数管里有气体原子。μ子作为粒子来说是相当大的，其静止质量大约是电子的200倍，而且它们还会以非常高的速度到达地球。如果气体原子的电子被这样的μ子击中，会受到剧烈的撞击，并离开其围绕原子核的轨道。

——就好像假如有一颗比地球大 200 倍的小行星以非常高的速度撞击地球，可以将地球从围绕太阳的轨道上抛出去？

——没错……那可不是什么好事！但是有一个区别：地球不知道它会被抛到哪里，而现在带负电荷的自由电子会被吸引到有正电荷的阳极。而被移除了电子的原子是带正电的，因为现在质子的数量比电子的数量多一个，它便会被吸引到带负电荷的阴极。我们可以精确测量到达电路中的这些电荷，从而计算通过计数管的 μ 子。

伟大的科学

欧洲核子研究组织位于瑞士日内瓦附近的一个巨大的科学实验室，在这里每天都能观察到时间膨

胀的现象。1954年，欧洲核子研究组织由德国（当时只有西德加入）、比利时、丹麦、法国、希腊、意大利、荷兰、挪威、瑞典、瑞士、英国和南斯拉夫这12个国家发起成立。后来南斯拉夫退出，奥地利、西班牙、葡萄牙、芬兰、波兰、匈牙利、捷克共和国、斯洛伐克和保加利亚陆续加入，使成员国总数增至20个（后又有以色列、罗马尼亚、塞尔维亚加入，现有23个成员国）。欧洲核子研究组织有约3000名物理学家、工程师、技术人员和行政人员，并有约6500名来自世界各地80个国家的约500所大学的研究人员，在这里工作一段时间并参与实验。

在这个实验室里建成了世界最大的基本粒子加速器，粒子被磁场加速到接近光速，被用作超高能量的"炮弹"。

欧洲核子研究组织的所有实验都非常精确地验证了狭义相对论的结果，包括时间膨胀、距离收缩以及质量能量的相互转化。

有害也有益

就像之前提到的，这一原理是原子弹运作的基础，同时也可以用于医疗辅助。

研究生命体内部器官功能的巨大困难之一是，如果切开一个生命体来观察其内部，通常情况下，这个生命体……就不再能存活了！如果生命体不能存活了，器官也就不能运作了。

但在20世纪，人类已经学会了在不伤害和尽可能少干扰生物体的情况下观察其内部。内部检查技术正变得越来越复杂，侵扰性也越来越小。

其中最新的技术是"正电子发射断层扫描"（简称PET，全称为正电子发射体层成像），其工作原理就是将质量转化为能量。

反物质

为了理解PET的工作原理，我们需要了解臭名

昭著的反物质。自然界中存在一些基本粒子和它们的反粒子。反粒子与它对应的粒子相同,但具有完全相反的电荷。电子的反粒子被称为正电子,具有正电荷。当一个粒子和其反粒子碰撞时,它们会发生"湮灭",也就是被完全摧毁:它们的质量完全转化为能量,以两个运动方向相反的高能光子的形式释放出来,向相反方向传播。光子是构成光的粒子。在电子和正电子相撞的地方,会产生两束向相反方向传播的光,电子和正电子就此消失,不再存在。

存在但看不到

关窍就在于此。比如我们可以构建出其中原子能发射出正电子的糖分子,然后将这种糖注射到需要检测的病人体内。

当糖中的正电子发射出来时,几乎立即会遇到一个电子:电子和正电子湮灭并发射出两个光子,进而被仪器观察到。根据光子的轨迹,可以找到发生湮灭的点，这样医生就可以准确地找出糖的位置，以及哪些细胞吸收了糖，哪些没有，从而判断细胞的健康状况。

这只是连接物理学和医学界的众多例子之一：当我们知道自然界如何运作的时候，这些知识就可以被用于各种目的，每个人都应该确保它们被用于人类的福祉，而不会危害人类自己。

我们还应该永远记住，大自然及其知识是全人类的遗产，这一遗产是经过几千代人的努力建立起来的，蕴含着所有思想和所有人的贡献。

点点名，看看还缺谁

要完成对爱因斯坦理论的实验验证，还缺少什么呢？

目前，还没有人观测到引力波！当然这些波无法被看见，但我们应该可以测量引力波的影响。所以世界上许多人做了很长时间的实验，试图探测引力波。

迟到的新发现

1987年2月23日,一则有点过时但仍然令人惊叹的消息传到了地球:大约在16.5万年前,一颗恒星在一个环绕银河系的小星系——麦哲伦星云中爆炸!

事实上,麦哲伦星云离地球大约有16.5万光年的距离,所以这个消息花了这么长时间才传到我们这里。在恒星爆炸过程中,巨大的能量释放出来,所以在几个月的时间里,这颗恒星一直非常明亮,甚至比整个银河系都要亮。

它发出的光相当于太阳在10亿年内所发出的光。

于是，1987年，爆炸的巨大光芒来到了我们身边，强烈的引力波到来了，我们的仪器本可以探测到……不幸的是，当时所有安装在地球上的引力波天线都因为这样或那样的原因关闭了！

人类错过了这个巨大的机会！如果我们能提前知道的话……但是做不到，即使爆炸发生在16.5万年前，也没有人能提前知道，因为没有什么东西比光速更快，信息当然也是如此。

空间寻宝

正因如此，对引力波的追寻仍未结束。

理论预测加速运动的大质量天体会发出引力波，也就是以光速传播的引力场的振动，就像一块石头落在池塘的表面，产生人们所知的涟漪。

引力波在传播过程中会产生时空的振荡变形，因此被波及的两个物体之间的距离会延长或缩短，就像当池塘被扔进去一块石头的时

候，漂浮在池塘水面上的两个瓶塞之间的距离会延长或缩短一样。

这一切看起来都很微小，很难测量，太糟糕了，距离的变化会是极其微小的。

谁可以看到引力波？

意大利和法国的天文学家想到了建造探测引力波的处女座（Virgo）探测器，位于意大利卡西纳，离伽利略的出生地比萨不远。目前另外唯一一个类似的仪器——激光干涉引力波天文台（LIGO）则在美国。如果你去卡西纳附近，会看到比萨平原的中间有一个大的蓝色"L"，有五座桥穿过那里。那不是一条正在修建的隧道，也没有道路相连，更不是人类与可能出现的外星访客沟通的信号。那个L形物体其实就是用于探测引力波的处女座探测器。

结构细节

Virgo 是一个巨大的干涉仪，通过测量光从一个物体传播到另一个物体所花的时间来确定两个物体的距离。这一方法与本书开头提到的迈克尔孙-莫雷干涉仪十分相似。

在 Virgo 的中央结构里，激光器产生的红外光被一分为二。光束的两部分分别在 L 形结构的一条臂中移动，你到卡西纳时就会看到那两条神秘的蓝色"隧道"，隧道内有长约 3 千米的真空管道，光就在其中相互垂直前进。

在每条轨道上，激光束会走 120 千米，因为激光束会在镜子上反弹多次。在路径的尽头，两束激光回到中央结构，如果其路径没有被引力波的存在所改变，它们发生干涉后不会产生信号。相反，如果任何一束光的路径因引力波的存在而被改变，就会产生信号。

光的竞赛

我们可以把这两束光比作同样擅长跑步的一对双胞胎兄弟，在蓝色的隧道内比赛。当他们到达隧道的尽头时，会触碰镜子并跑回来，重复多次这个过程。如果他们的路径相同，这对双胞胎就会同时到达，裁判员则会判断谁胜谁负。

然而，如果有人在隧道尽头将镜子移开一点，缩短了双胞胎中一人的路径，那么在每一次往返中，他都会取得领先，可以更早到达目的地，所以裁判员会将胜利判给先到达的那个人。虽然这是一个粗略的比喻，但在 Virgo 中，双胞胎兄弟就是那两道激光束，比赛在蓝色隧道内的两条轨道上进行，裁判员是探测器，而引力波则是改变镜子相对位置的人。

实验现场

建造世界上最精确的引力波探测器之一 Virgo 当然不是儿戏，这个探测器是来自意大利国家核物理研究所（INFN）的专家们和法国国家科学研究中心（CNRS）的物理学家们十年多的工作成果。如果你想的话，你可以向 Virgo 之父，意大利物理学家阿达尔贝托·贾佐托（Adalberto Giazotto）问几个问题，就是他设计了一种非同寻常的方式，使这个仪器极其精确。

——好吧，我想到的第一个问题是：如何区分引力波和其他原因造成的位移，例如地震震荡？

——这的确是一个大问题，Virgo 找到的解决方案使其成为世界上最优秀的引力波探测器。

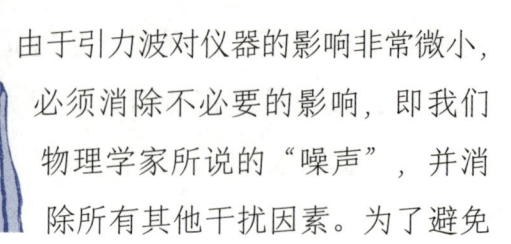

由于引力波对仪器的影响非常微小，必须消除不必要的影响，即我们物理学家所说的"噪声"，并消除所有其他干扰因素。为了避免测量地震运动引起的镜子位移，从而排除不是由于引力波而产生的信号，我们创造了一个复杂的复合摆锤系统，称之为"超级衰减器"，排除了10亿倍以上的干扰。高精度的镜子被悬挂在超级衰减器上，超级衰减器将镜子与地球环境隔离，以消除干扰源的影响。由于采取了这些措施，Virgo对从10到5000赫兹的引力波都非常敏感，能够捕获来自银河系和外星系的信号，甚至是距离300多万光年的室女座星系团。

——可是，为什么要寻找如此遥远的现象呢？

——为了产生能够测量出来的效应，必须要有巨大的质量，比如说大型的天体，例如超新星的爆炸或一对黑洞或中子星的旋转，才能产生可测量的效应。Virgo这一实验装置的名称来源于引力波可能来自的区域的名称：室女座星系团。室女座星系团是由2000多个星系组成的集合，离我们有1000多个银河系直径那么远。

——但是，我不确定我是否真正理解这些超级衰减器的工作原理。你能再解释一下吗？

——好吧，你会荡秋千吗？想象一下，你在一个挂在树枝上的秋千上。你开始荡秋千，直到你能保持一个恒定的频率。风来了，树也开始摇摆。对荡秋千的你来说，这是一个相当大的麻烦！对爬上树的朋友来说，麻烦就更大了。事实上，如果挂着秋千的树开始以比秋千更高的频率摆动，你所感受到的树的振动会比树上人所感受到的要低。

——这与超级衰减器有什么关系呢？

——好吧，超级衰减器的工作有点像一连串的秋千。想象一下，用镜子取代荡秋千的小孩的位置，想象一下把一个秋千连到另一个秋千上，在最后一

个秋千上放上镜子……我们就想象出了一个超级衰减器。镜子不是固定在树上而是固定在其他秋千上的,因此感受到的风对树摆动的影响会变得较小。我们运用超级衰减器让你能想象到的所有差异都变得更小。

引力波来了!

终于,2015年9月14日,经过多年的等待,Virgo和LIGO共同宣布,在美国的LIGO实验装置中测量到了引力波的通过。在两个不同的地方同时测量是非常重要的。不幸的是,Virgo当时处于关闭状态,最早观察到的引力波可能是由两个黑洞合并产生的,合并后形成一个更大的黑洞。

引力波的测量不仅为爱因斯坦的理论提供了新的实验验证,而且为研究有趣的宇宙现象开辟了新的道路,比如黑洞的合并或大型超新星的爆炸。

8. 从星星到"星条旗"

早在 1919 年，爱因斯坦在给一位物理学家朋友的信中谈到了德国非常强烈的反犹太主义。爱因斯坦是犹太人，他从未忘记支持本民族的事业，与此同时，他也将民族事业与强烈的国际情感结合起来。

年轻时，爱因斯坦曾相信过建立欧洲合众国的可能性（尚未实现），并希望在世界范围内全面裁军。

即使在希特勒上台后，爱因斯坦仍在讨论裁军问题，但面对这样一个独裁者，他后来不得不改变主意。

尽管爱因斯坦已成为世界著名人物，但他也无法幸免于德国日益严重的反犹太种族主义。

纳粹在爱因斯坦开讲座的地方组织了反对"犹

太物理学"的示威活动，一些同事也对他进行了严厉的抨击。

科学与生活

爱因斯坦的科学工作显然没有以1916年的广义相对论结束，后面几年里他所做的事情已经超出了这本书的范围……接下来我们将继续说说他的生活。1922年10月，他与妻子离开柏林，前往亚洲进行长途旅行。在去日本的路上，他收到了自己获得诺贝尔奖的消息，但没有去领奖。

他于1923年回到柏林，并于1925年再次离开柏林，前往南美洲进行另一次长途旅行。

后来他的心脏出现了一些问题，沉寂了一段时间后，他在德国卡普特乡下建了一座小房子，在那里休息并学习了帆船。

古老的欧洲

康复后，爱因斯坦又开始了旅行，他和妻子艾尔莎在美国待了很长时间。爱因斯坦夫妇于 1930 年 12 月至 1931 年 3 月以及 1931 年 12 月至 1932 年 3 月在加利福尼亚逗留，之后在 1932 年 12 月又来到了加利福尼亚。此后不久，希特勒夺取了政权，爱因斯坦再也没有回到过德国。

1933 年 3 月，爱因斯坦回到欧洲，准备前往美国的普林斯顿，受邀在那里任教，后来他在那里度过了余生。爱因斯坦不能再回到德国了（《纽约时报》报道，纳粹甚至在他的乡间别墅里搜查武器），在朋友的帮助下，他在比利时找到了住所，并设法将家具和文件从柏林运走。

当时，所有的欧洲大学都向他提供了教授职位，但爱因斯坦已经下定决心。1933 年 10 月 17 日，他与妻子艾尔莎、秘书海伦·杜卡斯、助手瓦尔特·迈尔一同乘坐飞机到达纽约。

美国!

他们到达美国后不久,艾尔莎的女儿伊尔莎在巴黎去世,于是,他们的另一个女儿玛格特前往普林斯顿与父母团聚。然而在1936年,爱因斯坦的第二任妻子艾尔莎也去世了。1938年,爱因斯坦的长子汉斯·阿尔伯特与他的儿子——爱因斯坦的长孙伯恩哈德·凯撒一同来到了美国。在欧洲,几乎没有可以生活的地方,尤其是对有犹太血统的人来说。

爱因斯坦的妹妹玛雅住在意大利佛罗伦萨附近。1939年,由于墨索里尼颁布的种族法,玛雅也不得不离开意大利。

美国也不是完全安全的地方,有人建议爱因斯坦在普林斯顿保持低调生活。这位伟大的物理学家的名声使他自己的安全受到威胁,即使在美国,纳粹的支持者也可能隐藏在暗处。

战争与和平

第二次世界大战期间，爱因斯坦放弃了他的和平主义思想：战争必须打赢。纳粹政权是巨大危险的代名词，对犹太人来说更是如此。那些年里，爱因斯坦甚至写信给美国总统罗斯福，并在白宫见过罗斯福，请求他支持进行原子弹研究。

原子弹投下，战争结束后，他对当初的呼吁感到后悔，表示如果他知道德国人自己远没有能力制造原子弹，他就不会呼吁制造它。

后来他恢复了和平主义政治观点，并签署了世界裁军的呼吁书。

宏大的问题

从1933年10月直到去世，爱因斯坦一直居住在普林斯顿，从未停止工作。他在余下的生命里致力于解决力的统一问题，即使到今天，这个问题仍然是一个重要的物理学问题。

古希腊人寻找"物质"，由此开始对自然进行思考，即寻求一个单一、统一的原则，万事万物都从这个原则中形成。

从古希腊人最早的研究到爱因斯坦时代的物理学，人类当然取得了巨大的进步，但统一的问题仍未得到解决。

爱因斯坦寻求的是一个单一的原则，而引力和电磁力都成了特例。

然而，这个原则仍然未被发现。

统一

然而，研究人员并未放弃，他们坚信这个原则存在。目前还无法确定这个原则是否真实存在，或者这种统一原则是否只是人类的需求，与自然界关系不大，这一点还需要更多时间来证实。当然，这个想法非常吸引人。到目前为止，追求这个想法的过程中已经取得了一些辉煌的中间成果，人们对大自然的理解尽管尚未完全，但也在不断加深。

不仅仅是物理学

爱因斯坦坚信，解决人类的重大问题需要一个拥有决策权的超国家政府，保护所有民族的文明，实现和平共处。这也是人类仍在努力追求的一个梦想，虽然我们离这个梦想还很遥远。

值得一提的是，在爱因斯坦去世前一周，他签署了一份宣言，呼吁世界上所有国家放弃核武器。

这一呼吁由伯特兰·罗素撰写，罗素是20世纪最伟大的学者之一，也是一位伟大的和平主义者。

以色列

1948年,以色列国诞生。爱因斯坦一直支持实现这一目标,甚至在1952年以色列首任总统哈伊姆·魏茨曼去世后,还有人问他是否愿意成为新总统。显然,爱因斯坦拒绝了。虽然当时他年事已高且健康状况不佳,但这个提议让我们意识到,爱因斯坦被视为一个有巨大价值的人物,这份价值甚至超越了他毋庸置疑的专业能力。

1955年4月18日凌晨1点15分,爱因斯坦传奇般的生命走向尾声,进入了历史长河。

附 录

干涉仪的实验结果

实 验	L/厘米	计算值	测量值	比值
迈克尔孙,1881	120	0.04	0.02	2
迈克尔孙和莫雷,1887	1100	0.40	0.01	40
莫雷和米勒,1902—1904	3220	1.13	0.015	80
伊林沃斯,1927	200	0.07	0.0004	175
朱斯,1930	2100	0.75	0.002	375

为了获得更高的精确度,进一步确定实验结果,后来几年,验证相对论的实验仍在继续。让我们来看看1955年发表的这个表格,其中显示了使用不同长度的干涉仪进行的各种实验的结果。

第一列是实验者的姓名和实验年份。

第二列是干涉仪的长度，第三列是如果以太理论成立我们会得到的计算值，第四列是实际测得的值，第五列是计算值和测量值的比值。

如果光速相对于以太保持恒定，那么它相对于地球就是可变的，测量值应该等于计算值，因此，计算值和实验测量值之间的比值应该总是非常接近 1。

在迈克尔孙和莫雷的实验中（第二行），计算值是测量值的 40 倍；而在 1930 年进行的最后一次实验中，计算值甚至是测量值的 375 倍！

从这些数据可以看出，两束光的相移总是非常接近零。因此，正如相对论所提出的，无论光的运动方向是平行还是垂直于地球运动方向，光速都是恒定的。

圆的方程

在二维空间中，圆的方程为：

$x^2 + y^2 = c^2 \cdot t^2$

在每个瞬间 t，圆周的半径都等于 $c \cdot t$。

现在，让我们将自己置于以速度 v 运动的参考

系 R' 中，利用洛伦兹变换计算出新方程：

$$x = \frac{x' + v \cdot t'}{\sqrt{1 - \frac{v^2}{c^2}}} \qquad t = \frac{t' + \frac{v \cdot x'}{c^2}}{\sqrt{1 - \frac{v^2}{c^2}}}$$

$$y = y'$$

代入圆周率方程得出：

$$\frac{(x' + v \cdot t')^2}{(\sqrt{1 - \frac{v^2}{c^2}})^2} + y'^2 = c^2 \cdot \frac{(t' + \frac{v \cdot x'}{c^2})^2}{(\sqrt{1 - \frac{v^2}{c^2}})^2}$$

$$\frac{x'^2 + v^2 \cdot t'^2 + 2x' \cdot v \cdot t'}{1 - \frac{v^2}{c^2}} + y'^2 = c^2 \cdot \frac{t'^2 + \frac{v^2 \cdot x'^2}{c^4} + \frac{2t' \cdot v \cdot x'}{c^2}}{1 - \frac{v^2}{c^2}}$$

$$\frac{x'^2 + v^2 \cdot t'^2 + 2x' \cdot v \cdot t'}{1 - \frac{v^2}{c^2}} + y'^2 = \frac{c^2 \cdot t'^2 + \frac{v^2 \cdot x'^2}{c^2} + 2t' \cdot v \cdot x'}{1 - \frac{v^2}{c^2}}$$

$$\frac{x'^2 + v^2 \cdot t'^2}{1 - \frac{v^2}{c^2}} + y'^2 = \frac{c^2 \cdot t'^2 + \frac{v^2 \cdot x'^2}{c^2}}{1 - \frac{v^2}{c^2}}$$

$$\frac{x'^2 - \frac{v^2 \cdot x'^2}{c^2}}{1 - \frac{v^2}{c^2}} + y'^2 = \frac{c^2 \cdot t'^2 - v^2 \cdot t'^2}{1 - \frac{v^2}{c^2}}$$

$$\frac{x'^2 \cdot (1 - \frac{v^2}{c^2})}{1 - \frac{v^2}{c^2}} + y'^2 = \frac{c^2 \cdot t'^2 \cdot (1 - \frac{v^2}{c^2})}{1 - \frac{v^2}{c^2}}$$

$$x'^2 + y'^2 = c^2 \cdot t'^2$$

所以，两个不同参考系中的两个方程看起来是相同的。我们在观察光时，无法确定我们是处在静止参考系中还是在运动参考系中。

伽利略变换

让我们试着从更一般的角度来思考问题。我们在一个参考系中选取一段距离，然后在这个距离上画两条正交的直线，如图所示。这就构成了我们的参考系，也就是我们的空间，我们可以在其中测量物体的位置。

我们可以将这个参考系称为 R。现在，我们的测量装置位于参考系 R 中的点 A 处。该点由两个精确的坐标定义：$x = 2$ 米；$y = 1$ 米。

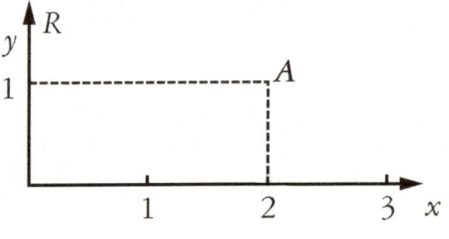

现在，让我们来看看相对于第一个参考系 R 匀速运动的另一个参考系，我们把它称为参考系 R'。在这个运动系统中测量时，很明显，点 A 的坐标每时每刻都在变化。例如，如果参考系 R' 相对于参考

系 R 的速度为 $v = 1$ 米/秒,那么在 $t = 1$ 秒时,点 A 相对于参考系 R' 将位于点:

$x' = x - v \cdot t = 2 - 1 \cdot 1 = 2 - 1 = 1$

$y' = y = 1$

确实如此:我们来看看插图,一秒钟后参考系 R' 移动到了图中的位置,因此 A 点相对于参考系 R' 的坐标是:

$x' = 1$,$y' = 1$

再过一秒(即从开始算起 2 秒),参考系 R' 又前进了一米,A 则位于:

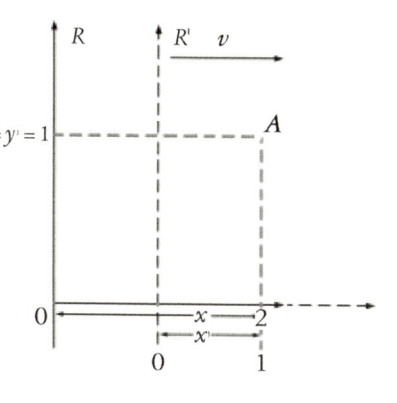

$x' = x - v \cdot t = 2 - 1 \cdot 2 = 2 - 2 = 0$

$y' = y = 1$

等等。

所以,一个参考系 R 相对于 A 点静止,而另一个参考系 R' 相对于参考系 R 以速度 v 匀速直线运动。如果我们想知道参考系 R' 中某点的位置,必须对坐标(即确定点的位置的数字)进行变换。

时间的计算

让我们来看看第 73 页的光钟。根据勾股定理,

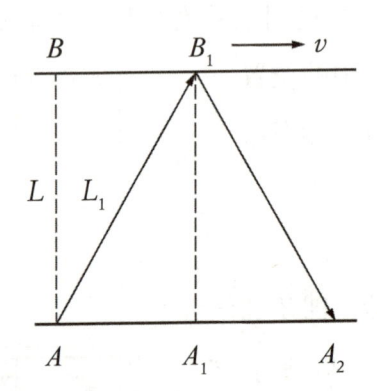

我们可以得出:

$$L_1^2 = L^2 + AA_1^2$$

但是

$$L_1 = c \cdot t'$$

$$L = c \cdot t$$

$$AA_1 = v \cdot t'$$

其实,在 t' 时刻,光束以速度 c 到达 B_1 点,同时 B 点以速度 v 向 B_1 运动(距离为 $BB_1=AA_1$),所以:

$$(c \cdot t')^2 = (c \cdot t)^2 + (v \cdot t')^2$$

$$c^2 \cdot t'^2 = c^2 \cdot t^2 + v^2 \cdot t'^2$$

$$c^2 \cdot t'^2 - v^2 \cdot t'^2 = c^2 \cdot t^2$$

$$t'^2 \cdot (c^2 - v^2) = c^2 \cdot t^2$$

$$t'^2 = \frac{c^2 \cdot t^2}{c^2 - v^2}$$

$$t'^2 = \frac{t^2}{1 - \dfrac{v^2}{c^2}}$$

$$t' = \frac{t}{\sqrt{1 - \dfrac{v^2}{c^2}}}$$

$E = mc^2$

在参考系 R 中，物体发射的能量为 E，而在参考系 R' 中它发射的能量则为：

$$E' = \frac{E}{\sqrt{1 - \dfrac{v^2}{c^2}}}$$

计算一下能量的差值，就会得出：

$$T = \frac{1}{2} \cdot \frac{E}{c^2} \cdot v^2$$

该方程与动能方程（物体以速度 v 运动时所具有的能量）非常相似：

$$T = \frac{1}{2} \cdot m \cdot v^2$$

事实上当 $\frac{E}{c^2} = m$ 的时候，它就和动能方程完全一样了。

而 $\frac{E}{c^2} = m$ 也就是 $E = m \cdot c^2$

创造弯曲空间

在创造弯曲空间时，我们可以使用呼啦圈制作大圈。接着，取一块弹性很好的布，并仔细地将布缝在大圈上。然后将几个不同重量的球放在布上，观察会发生什么。

举例来说，我们可以假设太阳是一颗很重的弹珠，并将其放在布上……结果布上就会出现一处凹陷。如果我们放两颗弹珠，其中每一颗弹珠都会掉进由另一颗弹珠形成的凹陷，简单来说，两颗弹珠会相互吸引。接下来选择一颗非常沉的弹珠，凹陷会变得更深，无论在布上放什么它都会掉进去。就和宇宙中的情况一样。

宇宙中的黑洞会产生巨大的引力，任何靠近黑洞的东西都会被吸进去。黑洞之所以"黑"，是因为光也无法从黑洞中逃脱，因此黑洞在我们看来是黑色的。如果黑洞附近没有什么东西，那没什么大不了的；但如果有任何东西落在黑洞附近，哪怕是一颗普通的恒星，黑洞的引力也可以从恒星上夺走物质并将它吞噬，有点像一块布被一颗非常重的弹珠压变形时发生的情况：无论什么球经过都会掉进弹珠形成的洞里……

Original title: Dipende! Einstein e la teoria della relatività
2017 © Adriano Salani Editore Surl
Text by Anna Parisi and Lara Albanese
Illustrations by Fabio Magnasciutti
The simplified Chinese translation rights arranged through Rightol Media
（本书中文简体版版权经由锐拓传媒旗下小锐取得 Email: copyright@rightol.com）

© 中南博集天卷文化传媒有限公司。本书版权受法律保护。未经权利人许可，任何人不得以任何方式使用本书包括正文、插图、封面、版式等任何部分内容，违者将受到法律制裁。

著作权合同登记号：字 18-2024-087

图书在版编目（CIP）数据

给孩子讲爱因斯坦/（意）安娜·帕里西,（意）劳拉·阿尔巴内塞著；刘澍译. -- 长沙：湖南科学技术出版社 , 2024. 12. -- ISBN 978-7-5710-3125-1

Ⅰ. K837.126.11-49

中国国家版本馆 CIP 数据核字第 2024FR1034 号

上架建议：畅销·科普

GEI HAIZI JIANG AIYINSITAN
给孩子讲爱因斯坦

著　　者：[意]安娜·帕里西　[意]劳拉·阿尔巴内塞
审　　校：[意]乔治·帕里西
译　　者：刘　澍
出版人：潘晓山
责任编辑：刘　竞
监　　制：吴文娟
策划编辑：董　卉
特约编辑：张雪怡
版权支持：王媛媛
营销编辑：傅　丽
内文插画：[意]法比奥·马尼亚休蒂
封面设计：马睿君
版式设计：李　洁
出　　版：湖南科学技术出版社
　　　　　（湖南省长沙市芙蓉中路 416 号　邮编：410008）
网　　址：www.hnstp.com
印　　刷：北京中科印刷有限公司
经　　销：新华书店
开　　本：855 mm×1180 mm　1/32
字　　数：110 千字
印　　张：6.5
版　　次：2024 年 12 月第 1 版
印　　次：2024 年 12 月第 1 次印刷
书　　号：ISBN 978-7-5710-3125-1
定　　价：45.00 元

若有质量问题，请致电质量监督电话：010-59096394
团购电话：010-59320018